自媒體時代的溝通學！

Media age

李穎 著

如何在全媒體時代生存？你出事，媒體不扛！

面對無所不在的自媒體，你需要一點高「媒商」

媒商，全媒體時代的必修課！

目錄

目錄

下篇 話術

目錄

你出事，媒體不扛

面對無所不在的自媒體，你需要一點高「媒商」

作者簡介

李穎，媒商實驗室 MediaQLab 首席專家，擁有新聞學與心理學雙碩士，專業心理諮詢師，擔任深度調查記者多年。常年專注危機公關、突發事件輿情處置等研究，同時參與政府、企業輿論應急處置機制建設工作，提供危機傳播建議。

你出事，媒體不扛

面對無所不在的自媒體，你需要一點高「媒商」

序

李穎曾經是我的學生，後來是我的同事，現在是我的勵志榜樣。我覺得會寫作的人都是能人，而文章能引起更多有益思考的人，那就更是難得的能人，當然就是榜樣。我尤其想為這本書作序的原因是，李穎的這本書讓我感到興奮，因為她將喚醒很多還在沉睡的政府官員和企業領導者。

幾年前，李穎剛剛離開媒體一線的新聞報導工作，到我大學的辦公室尋求建議。我說，來我這裡吧，教書育人，還可以放飛思想、著書立說；三年後，看到這本大作出版，作為她的師友，我深感驚喜、榮幸、欣慰。正像她自己所說，從媒體到新聞發布，她本人的角色是從資訊的接收端到發布端。也恰恰因此，換位思考的獨特視角，讓她在對政府和企業領導者媒體關係管理的理解和實踐中，加入了媒體人的特有思維，讓本書「喚醒」的使命，得以更好實現。

我一向提倡官員與媒體、企業家與媒體都要真誠而即時的溝通，而不是庸俗而保守的「多做少說、只做不說、先做後說、不逼不說……」溝通的前提是彼此放下成見傾聽，讓事實與理性貫穿官媒互動、企媒交流。李穎以她犀利的媒體人視角，讓我們在推動公開、透明、對話的行動時不再孤獨，甚至比預期中更早出現了很多階段性的進展。

你出事，媒體不扛

面對無所不在的自媒體，你需要一點高「媒商」

全媒體時代，資訊大量成長、光速傳播。被喚醒的領導者會知道，與媒體溝通，不再是某部分人、某部分機構的事，每個人都有在鏡頭前曝光的機會，而如何面對，就成了我們都應該思考的事情。正如這本書所說，每個人都應當有「媒商」。三年前我就和李穎討論這個名詞，我們認為對於政府官員、企業負責人，這個「媒商」在某些緊急關頭的重要性，已經遠超「智商」和「情商」。

同樣都是媒體出身，我和李穎找到了彼此太多共同的交叉點，我們都是「臨床型」、「實戰類」專家，我們深知與媒體打交道是一門關於實踐的學問，需要多方努力與多重理論支撐，更需要緊密貼合實際。本書囊括新聞學、傳播學、社會學、心理學等，在案例和場景應用中，以不同理論組合解決實際問題，這也是一種「跨界」的方式。所以李穎告訴我們，建立在智商與情商基礎上的媒商，實際上是更加專業和稀有的素養，堪稱領導者生存與成功必備。

我希望本書可以引發更多有趣的思考，為讀者帶來實際幫助。全媒體時代，每個人都要有媒商。如果你已經被喚醒，請從今天開始提升你的媒商，並以此取勝。

董關鵬

上篇 媒商，一個新概念

第1章　全媒體時代來了

「不是我不明白，這世界變化快。」

著名傳播學家麥克魯漢說過「媒介即資訊」，在大數據時代，這句話特別有深意。除了媒介平台上的內容資訊，各種層出不窮的媒介形式正在深刻而廣泛的重建我們的生活。

一個細節足以說明問題：過去作自我介紹，往往要交換名片，而現在，我們只要留下這樣一個既簡單又複雜的 QR code 名片圖案。

說簡單，是因為便捷；說複雜，是因為看不懂，這個細節體現了現在全媒體時代的最大特色：資訊快速傳播，但輿論又很複雜不明。每個人手上都有一台精巧的行動裝置——手機。手機可以幫我們做到很多事情，替代傳統的溝通手段，並且很深刻改變了資訊發布、採集和傳播的整體流程，其影響深入每個環節，直至最後影響到了個體與媒介的關係與相處方式。

現在是人人都是記者的時代，每個人都是媒體，人人都是記者，每個人手上都有一台隨時可以記錄、傳播的設備。傳統媒體的優勢已經瓦解，我們不需要扛著專業攝影機和照相機，就可以記錄畫面。人們只要拿起這個輕巧的設備，就可以將看到的人和事迅速傳播出去，被朋友、同事乃至更多的陌生人看到，並更廣泛的傳播，這是全媒體時代的特色。

擺在我們面前的，首先，是媒介形式更新迭代。

幾年前，我們要守在電視機前，才能與突發事件同步。我們依靠著數量眾多但有限的傳統媒體機構作為資訊供給方，看到同一件事的不同版本，看到同一個人的不同畫面。

而現在，多少人家裡的電視機已經蒙塵，報紙也已經退訂。每天早上拿起手機，打開熟悉的新聞 app 即可知天下大事；更厲害的是，那些我們不感興趣、不喜歡或者厭惡的新聞事件或新聞人物，我們有權力、有手段直接封鎖。資訊越來越多，只是有時候，世界卻越來越狹窄。

然而，輿論力量卻有增無減。過去，我們需要用兩三天或者更長的時間醞釀，才可以掀起一場全國針對某一件事的大討論；但是現在，我們只需要一兩個小時就可以做到。當然，過去一場討論，我們可以說上半個月；而現在，天大的事，兩三天後就會被新的焦點事件替換。

其次，新聞採集工作和傳播方式被強力扭轉，即使是新聞工作者，也面臨著巨大挑戰。二〇〇八年前後，一家報社的高階負責人說過，以前30%的新聞線索來自網路，但是現在已經漲到了80%不止。以前，一篇新聞稿件的優劣評價，我們要靠經驗判斷；現在透過點擊率、評論數量，這些數據便可一目了然，以至於很多人抱怨，社會上出現了「看標

你出事，媒體不扛

面對無所不在的自媒體，你需要一點高「媒商」

題就下結論的人」，也許他們以前就存在，但全媒體時代無疑強化和放大了「搏眼球」這一技能的作用。

有了 FB 跟 IG 後，記者又多了一項新的工作：追蹤名人。從前，只有少數人有和媒體打交道的機會，而他們往往是新聞事件中的重要人物，或者自己本身就是新聞人物，走到哪裡都被眾星捧月；但是現在，很多人要常常更新 FB 跟 IG，吸引粉絲。哪天要是出事，連記者會都不用開，直接 Po 文搞定。

全媒體時代，帶來更多的曝光機會，同時也賦予了每個人公開發言的權利。現在想在網路上走紅，比過去難上十倍甚至百倍；然而，不經意間出名的可能性卻大大增加。與焦點事件沾邊，意味著輿論場中的每個人都有可能受到關注，而這種極具壓力的關注，不再是社會名流的「特權」。

全媒體時代不只是媒介形式日益豐富，還意味著媒介的全方位、全角度、全階層覆蓋。我們每個人都生活在鏡頭包圍中，唯一不確定的是什麼時候成為主角，故如何能在鏡頭前和版面上塑造良好形象，是每個人都需要考慮的重要問題。

媒介競爭的格局也發生變化。傳統媒體逐漸式微，新媒體異軍突起，媒體融合成為大趨勢，就連入口網站都逐漸被歸類為傳統媒體。媒介話語權從大型媒體機構轉移，分散至個人和靈活的小機構。有了行動裝置的幫助，「草根記者」崛起，資訊的採集以及傳播成為人人都能做到的事情。

這種對採集、編輯和傳播等傳統權力的瓦解，造就了一個嶄新的全媒體時代——資訊愈加豐富，採編愈加個性化，傳播愈加扁平化。

第1節　這個時代的特點

▲我們更快遺忘

快是第一個關鍵字，在過去我們很難想像，大量資訊會以如此快速的方式匯聚。

最初資訊的傳播，是以快馬加鞭的方式，經過驛站傳遞的邸報。那時資訊傳播以月計，「邸報」又叫「邸抄」，也有「朝報」、「雜報」之稱，是古代用於通報的一種公告性新聞。以明朝為例，在京城的官員們隔幾天就可以看到新一期的邸報，而其他地方的官員閱讀到新一期邸報的時間，則取決於與京城的距離，離得越遠，越晚看到新消息。如明代東將總督毛文龍曾說他「於元月初二日，海凍初開，接得去冬十月邸報」，拖延時間長達三個月之久；萬曆邸報上有一條來自四川的消息，發布於萬曆三十六年六月，而報導內容說的事情卻發生於當年三月。[(1)]

後來我們進入電子時代，技術手段更新給予了傳播更多的可能，依靠電話電報，就可以傳送稿件，那時資訊傳播以天計；再到後來，我們有了手機、郵箱以及採編平台軟體，

你出事，媒體不扛

面對無所不在的自媒體，你需要一點高「媒商」

進入了網路時代，資訊開始進入小時計數。

若幾年前，媒體記者在記者會上舉起 iPad 提問，可能會成為新鮮的話題；而今天，這已經成為記者採訪的標準配備，甚至還額外增加了自拍桿、穿戴式攝錄設備。現在，每個人只需要拿出手機，就可以即時把正在發生的事件傳到網路上，成為一個小型的媒體終端。

技術改變了我們的生活，改變了新聞採編播的方式和速度，改變了我們所處的媒體世界。

變快的，還有我們給予媒體回應的速度。幾年前，突發事件輿情處置的黃金時間是四十八小時。意味著事件發生後，我們可以有兩天的時間搶救、調查，然後將階段性成果向社會民眾和媒體公開；然而，這樣的工作節奏已經無法容於這個時代。輿情回應的時間從四十八小時減到了二十四小時，十二小時，八小時，四小時，甚至半小時。這樣快速的傳播節奏有時也會引起人們的不解，特別是一些在災難現場搶救的工程師和醫生們。說服他們放下手頭工作，去面對數十個從未謀面的陌生記者，這是很難的一件事。搶救生命、事故救援，遠遠比跟媒體聊天更重要，這是再正確不過的觀點。只是，當民眾掌握的資訊來自各種可靠、不可靠的管道，對大量資訊難辨真假，進而可能引起一些危險的情緒或者行為時，與媒體溝通、與民眾溝通就需要我們特別注意。

假想一個地方發生地震，如果我們只顧忙於救人，但是對於餘震有關的種種傳言不予

第 1 章　全媒體時代來了

第 1 節　這個時代的特點

理會，忽略民眾可能的恐慌爆發，有可能引發更大的危機事件。更何況在過去幾年，一些機關用實際行動證明了，不說話很多時候是因為心虛。所以，當媒體與民眾提出問題時，一定要嚴肅對待，要說，還要快說。一旦被誤認為是心虛或迴避，任何表達都會被認為是一種辯解，而非告知。

快速回應與論關切，是時代、是民眾提出的要求。

我們也比以前更快遺忘。一個事件能夠占據網路新聞頭條或者首頁的時間非常有限。過去，我們還習慣用幾天的時間集中討論一件事情，但是現在，一樁新聞事件的輿情快速形成、上升然後降落，直至從民眾視野中消失，只需要兩三天的時間。未來可能還會更短。閉上眼睛，你還記得前天都有哪些新聞嗎？或者昨天？或者今天早上起來，你看到的新聞？

資訊快速更新迭代，一方面讓很多人感到慶幸，難熬的時間變短，只要扛過去就萬事大吉了；但另一方面，明智的人們卻知道，這意味著回應、修復形象和聲譽的時間也變短了。某品牌試衣間拍攝的一段色情影片曾經在網路上流傳，而很多人紛紛認為這是某品牌的炒作和行銷，並予以斥責；而等到品牌出面回應時，這種判斷已經在很多人心中生根。

負面輿情沒有得到及時處置，往往會遺留下輿情負債。即使短時間輿情退去，但長期來說，這部分輿情負債依然存在，直到下一次事件爆發，累積起來，反噬的能量會以等比級數成長，摧毀一切努力與嘗試。

◀ 什麼才是重要的

很多人問，為什麼我接受採訪，刊登出來的與我想說的總是有偏差？他們的意思其實是，為什麼那些我們認為重要的資訊，不能得到媒體和民眾的關注？對這種感受最有發言權，也是適應學習能力最快的應該是明星。有一位明星非常認真拍攝了一部電影，她想藉此向民眾宣告「我不是花瓶，我是演技派」或者「我其實很有思想」；但最後發現，人們問她的問題永遠都是與愛情、緋聞、美貌。

這是一個資訊爆炸的年代，我們必須要接受這樣一個現實：重要的事情都在，但是人們能夠分配的注意力卻越來越有限。人們經常提起的眼球經濟，也總是有一些負面、不入流的感覺摻雜其中。但毫無疑問，眼球經濟正變得越來越重要，我們的任務從「告訴民眾什麼是重要的」，逐漸改變為「我們的工作比其他人的更重要」，這是一場關於民眾注意力的戰爭。

喪失對民眾注意力的控制，還有另外一個原因。曾經，傳統媒體機構擁有龐大的管道資源，在議題設定上的能力無與倫比。每逢重大事件發生，報紙千篇一律的頭版一度是網友吐槽的對象。在統一的媒體資源分配下，重要的事情自然能夠得到相應的關注，但如前所述，雨後春筍般成長的自媒體、草根媒體開始搶占輿論場。與眾不同、有趣等開始成為資訊篩選的新標準。比如一次嚴肅的國家級會議，對各種細節的抓拍反而成為會議的另類素描，比如服務生的服裝、與會者的菜單、官員的手錶和腰帶。

什麼才是重要的？這個問題太難回答，我們只知道，哪些細節很有趣。對於細節的沉溺，和對重要事情的難以兼顧，是這個時代的特色。對於那些重要、長篇大論的文字，人們總是習慣性認為那經過設計，一定有某人的企圖藏在裡面，而那些細節才更容易被人忽略，也因此顯得更真實。

手錶、鞋、腰帶、首飾、皮包……這些瑣碎的細節開始成為輿論場上重要的線索，受到前所未有的關注。人們對自身媒介形象的忽視，導致更多「證據」出現。網友從瑣碎細節中找尋蛛絲馬跡，如同偵探一般，揣測如果被證實，那麼就受到了極大鼓勵，他們會樂此不疲。

瑣碎的細節，比經過嚴謹設計的文字更有趣，反而容易受到關注，也容易產生不必要的輿情風險。而那些欲蓋彌彰的細節總會透露出真相。

不必要的細節會分散人們的注意力，從而導致人們無視重要事件和重要意義。民眾在公共輿論場中發聲，主要的依據來自之前獲取的資訊。封鎖掉那些與之無關的瑣碎細節，無疑可以幫助民眾聚焦在重要資訊上，從而做出更精準的判斷。

◀立場堅定與脆弱善變

大眾天生同情弱者，這甚至是全人類的共通之處。而以同情為基礎的輿論，聲勢浩大，

你出事，媒體不扛
面對無所不在的自媒體，你需要一點高「媒商」

但也往往容易受到影響。

輿論堅定站在弱者一方，卻也表現出脆弱而且善變的一面。如果我們是輿論聲量中的一段聲音，那麼需要提醒自己，和情緒化的輿論要保持距離，聲音大不一定是對的；如果我們是輿論瞄準的目標，那麼需要告誡自己，提防輿論的不可控與易變，因此不要輕易被激怒或者被罵哭。

在全媒體環境下，資訊可以透過多種管道在短時間內迅速傳播，網路輿論越來越呈現出與傳統媒體傳播時代不同的特點，網路輿論的傳播是開放、多元的，每個人都可以透過自媒體發表對事件的看法，提供不同的觀點。網路輿論傳播速度更加迅速，傳播內容更加多變，輿論的產生發酵過程更加複雜。網路輿論傳播的複雜性、多變性和不穩定性，使輿論在傳播過程中很容易因為事件中的某個細節被披露，發生反轉，或者在某個傳播節點與論指向發生轉移。這就是我們的輿論：一個多方角力追逐，搶奪控制權的隱形「戰場」。當危機發生時，我們都希望輿論能夠按照我們自己的心意發展，但是大多數不明情況的群眾的眼光不一定是雪亮的。

勒龐在《烏合之眾》一書中寫道：「群體表現出來的感情不管是好是壞，其突出的特點就是極為簡單而誇張。在這方面，就像許多其他方面一樣，群體中的個人類似於原始人，因為他不能細緻區分，他把事情視為一個整體，看不到中間的過渡狀態。群體情緒的誇張也受到另一事實的強化，即不管什麼感情，一旦它表現出來，透過暗示和傳染過程，非常

第 1 章　全媒體時代來了

第 1 節　這個時代的特點

迅速的傳播，它所明確讚揚的目標就會力量大增。」在團體心理學中，從眾是重要的心理機制之一。而網路時代的匿名性，更促使人們願意更快發表意見，也在觀點的形成和傾向方面加劇了從眾行為。

人際交流中，發表觀點往往更為謹慎，因為在互動過程中，觀點能夠相對清晰的勾畫出我們的樣子。是否正確？是否體現了水準？別人聽了會有什麼樣的反應？這些顧慮，轉化成壓力，延長了我們思考的時間。

然而在網路時代，在全媒體時代，先有充分準備然後再發言，漸漸變成了一件奢侈的事情。人們等待快速的觀點，然後表態。大量資訊和大量新聞事件，不僅容易讓人迷失定位，還會讓我們的觀點貶值。每個人都可以發言，話語權不再是某一部分人的特權。但這樣造成的後果卻是，觀點本身更容易被忽略。

匿名對生活的改變，遠遠超出我們的想像。發表觀點的人是匿名的，觀點也往往沒有明確的指向。所有人指向所有人，所有人都在討論，所有人也都可以隨時抽離，這是「從眾」心理的形成原因之一。當我們與所有人在一起，就處於「法不責眾」或者理所當然逃避責任的境地。

最能說明這件事的，是「人肉」。很多年前，「人肉」還是網路輿論監督的一種方式。從「人肉」這個詞出現，即伴隨著侵犯隱私的爭論，但在很長一段時間裡，「人肉」被認為是輿論監督的重要方式，直到開始造成一些實質性的傷害。

你出事，媒體不扛

面對無所不在的自媒體，你需要一點高「媒商」

我們很快製造出「迅速貶值」的觀點，而且這些觀點很難經得住推敲，因而造就了善變而且脆弱的輿論。

在全媒體時代，為什麼那麼多非主流的角度，反而更容易被傳播，為什麼民眾的注意力會集中在事件細節上？

當下的媒介環境錯綜複雜，傳統媒體逐漸呈現出式微的發展態勢，這種式微表現在傳統媒體作為輿論主陣地、主戰場地位的逐漸缺失。在以往占據主流位置的日報、電視台漸漸開始喪失輿論場的主導權。相反，新媒體在輿論的傳播中占據著越來越重要的位置，呈現快速上升的態勢。新媒體的迅速發展，帶來了媒介形態的迅速更迭和深度融合，相較之下，Web 1.0時代的新聞入口網站也都已經被劃分到傳統媒體的陣營。在新媒體迅速迭代的背景下，所謂FB、IG等自媒體在幾年之後會進化成什麼樣子？又會有哪些新的媒體形態出現？現有媒介又會以何種新形式融合？這些都是必然會發生，但在現階段卻是很難想像和具體化的。新媒體打破了傳統媒體的資源優勢、機構優勢、人員優勢。在人員配置上，新媒體更加輕巧；在資源整合、內容生成上，新媒體更加輕便靈活，這樣更加容易催生出一種自由而適合於新媒體快速反應、野蠻生長的媒體環境。

十年前，整個新聞輿論場裡的爆炸性新聞還不多；但是在十年後的今天，每週都會有很多爆炸性新聞充斥在媒體當中。無論多大的事件，在當下的輿論場上都是快速轉變的過客，能夠在輿論場上存活的時間也很短。

在這種情況下，更加要求我們對所謂的輿情事件要抱有一定的寬容度和開放心態。同時，這也是一種緊迫的警示，意味著我們搶占的輿論陣地、發聲的時間窗口也會變得非常窄。

第2節　新聞、媒體和記者

如果把新聞比作蜂蜜，那麼記者就是勤勞的小蜜蜂，四處採集資訊花粉，而媒體則是蜂巢，是資訊加工地，是將資訊碎片整合加工，製作成為新聞產品的地方。

當把理想放在現實層面進行實踐，無疑需要磨合。說什麼？說多說少？怎麼說？如果缺乏基本的媒介素養，那麼在與媒體溝通時都會陷入雞同鴨講的平行對話體系中，無法溝通。

◀ 新聞價值五要素

先說什麼是新聞。關於新聞的定義層出不窮，但是大多數的定義中都體現了新聞的「新」的特點，如一八八〇年代，美國紐約《太陽報》的編輯室主任約翰·博加特說：「狗咬人不是新聞，人咬狗才是新聞。」這個定義經常會被用作論據來批判媒體。因為媒體有時候總對那些長期存在的重要事件視而不見，卻對那些反常的、誇張的，甚至不正常的事

你出事，媒體不扛

面對無所不在的自媒體，你需要一點高「媒商」

物追逐不已。

只有當我們理解什麼是新聞，才有可能進一步了解因新聞而生的機構和個人是如何思考，雙方才有溝通的共同基礎。

判斷一條資訊是不是新聞，嘗試跳出自己本員工作的框架，用新聞價值來判斷一下，新聞價值有以下五個要素：

時新性，即最新發生的事情。人們總是想知道最近發生了什麼，而對於一年前、幾年前的老舊資訊反而不那麼感興趣。

接近性，本地人比外地人更關注本地新聞。高雄將出現重度霧霾，南部的人們顯然比臺北市民更關注這條資訊。

重要性，比如對人們的生活會產生重大影響的政策或舉措。

顯著性，「最出色」、「最壞」的事情比平平淡淡的事情要有價值。就像在看體育比賽時，人們永遠只記得冠軍是誰，卻很少有人記得亞軍和季軍一樣，我們總習慣關注那個最典型、最突出的人和事。

最後還有趣味性。想想你每天看新聞時，是喜歡閱讀那些數據、報表還是喜歡故事或八卦？後者顯然更有趣。

這五個新聞價值要素，只是最基礎的判斷，至少可以幫助我們剔除掉大多數平庸的、無趣的、冗餘的資訊。

◀媒體並不神祕

媒體也稱傳播媒介，專指交流、傳播資訊的工具，如報刊、廣播、電視等。在一般情況下，媒體指的是以各種管道和手段從事新聞與資訊傳播的機構。我們現在也可以把入口網站——十年前的新媒體歸類到傳統媒體。

媒體在不同時空，擁有不同的特點。媒體有政治屬性，歷史上一度流行政治家辦報，英美國家一些報刊傾向明確，關於某一重大政策的討論，有時會淪為政黨之間的論戰。媒體有商業屬性，單靠發行就能盈利的報紙屈指可數，所以往往需要依靠廣告。一些經營狀況不好的媒體，甚至需要採編人員也就是記者去拉廣告。媒體還有社會屬性，關注與大多數人重要利益有關的事宜。

媒體不該神祕。媒體關注大多數人關注的大多數事務，但遺憾的是大多數人卻不知道媒體運作的機制是怎樣的。

一篇稿件的產生，從記者採集資訊開始，進入媒體內部，會有很多內部機構加入生產和加工流程。嚴格來說，即使文章署名是記者，但修改和調整的人卻遠不止於此，最常見的是標題。經常發生的一種情況是，新聞稿件內文平淡無奇，但卻下了一個聳人聽聞的標題。事實上，當記者將稿件傳回編輯部，對稿件的控制權就已經開始削弱。編輯、檢查和校對、編輯部主任、值班總編都有可能對稿件進行調整。這種調整，往往不會改動稿件中核心和關鍵的數據，但是對一些措辭、修辭、文字順序和強調重點卻是見仁見智。

人們常常看到的是，記者作為媒體「代表」，在社會中四處蒐集資訊，卻不知道，在記者背後，還有更龐大的編輯團隊和指揮機構同時配合。

一條選題，其來源可能是記者、編輯、部門負責人、爆料專線、其他部門轉介、總編指派等。一篇稿件所處的版面和所占篇幅，與這篇稿件本身的新聞價值有關，但也有可能受到當值編輯、部門負責人以及值班總編的影響。有時候，一篇稿件被放在重要的位置或是篇幅很大，僅僅是因為稿件數量不足不得已為之。

一個領域，經常出現的熟面孔往往是跑線記者，他們守在相對固定的產業或領域，報導對象或報導內容較為集中。經驗豐富的跑線記者，往往是產業觀察者，稿件專業程度較高，報導領域範圍有限，但僅僅滿足於與跑線記者保持友好關係是遠遠不夠的。有時候發生一起突發事件，很有可能登門採訪的是報料記者或是調查記者。報料記者往往聚焦在突發動態新聞上，而則兼具突發、深度等幾類新聞採寫功能，但這二者報導領域往往不受限制。報社內部，幾類記者之間往往會有配合，但在報社外，如果拿與跑線記者溝通的方式去與另外兩類記者溝通，則又會出現問題。以醫療題材為例，報料記者與調查記者很有可能只是偶爾才涉及此類題材，其醫學知識並不一定有醫療線記者專業，但他們往往在其他領域也會有廣泛人脈，所以對於涉及領域較多、機構較多的綜合類題材，他們更有優勢。但如果您是一家醫院負責人，在明白這些區別之後，就需要花時間在一些專業知識上面做更多「翻譯」和解釋的工作。

媒體不管大小，都是五臟俱全，即使普通人也需要知道媒體大概的運作機制和規律。

全媒體時代，你還需要知道：

媒體傳播速度更快。相較於傳統媒體，網路媒體可以擺脫定時定點的傳播束縛，24小時在任何地方都可以提供服務，實現資訊的不間斷傳播。

傳播形式更多樣。文字、聲音、圖像全部包攬，使資訊能以多種形式存在和交換，以往記者可能只需要文字，但現在，他們需要更多的聲音、影片作為素材。

互動性更強。全媒體時代則是「所有人對所有人的傳播」，受眾和傳播者之間的壁壘已經被打破，輿論不僅在影響被報導的機構，同樣對於媒體的影響也在增加。社會普遍的同情弱者心理，已經使強勢成為天然缺陷。

日趨個性化。全媒體時代，民眾需要個性化，需要「戲劇性」。正確但乏味令人敬而遠之，局部正確但個性鮮明反而受歡迎。所以，要準備有個性的語言。

日趨碎片化。網路媒體中的資訊呈現出繁多、瑣碎的表現形式。媒體報導節奏更快，已經不可能在短時間內公布所有真相。要根據這種碎片化的報導節奏，改變機構和個人公布資訊的方式和頻率。

◀記者都長什麼樣子

記者是一群特徵鮮明，但放進人群又不見蹤影、很難辨識的人。記者當久了，哪怕到了陌生的地方，即使互不相識，也能夠立刻憑直覺認出同類。後來慢慢發現，每個行業的人都會有一些統一的特點可供分辨。一個系統的人，從裝扮到氣質，甚至談吐詞彙，都有其特別之處。後來很多人問我，記者都長什麼樣子？他們都是什麼樣的人？我們要怎麼才能認出他們？

這樣的問題其實很難有統一的標準答案，甚至沒有答案。在記者群體裡，形形色色什麼樣的人都有，而且這份職業有時候要求記者要像變色龍一樣，隨著環境的變化自動調整頻道，適應環境。上午去會議，下午就到災難現場。如果可以，記者一天的生活是可以很魔幻的。所以，和記者打交道，專家的建議是，不要去挑剔他們的衣著，因為連他們自己也不知道，離開這裡，下一刻將奔往哪個方向，所以事事都要做好準備。而在那些體面的會議上，穿著牛仔褲、T恤衫的記者比比皆是。

每個人選擇當記者，都有各自的理由。有的人是為了實現新聞理想，有的人是喜歡自由的工作時間，或者兩者兼而有之，還有的人是藉機搭建人脈以圖未來的發展。記者的薪水不算高，圖錢的人很少，圈子裡開玩笑會說，工作很多年後才發現，靠打字發財是癡心妄想。

這幾年媒體圈醜聞不斷，「防記者」的重要等級還在不斷提高。經常遇到的情況是，採訪對象一見面就會拿出這句話，搶奪對話的主動權，而作為一名溫和的記者，只能乖乖聽著，欲辯無詞。

從無冕之王到「防記者」，記者作為新聞實踐的具體執行者，並不應當承擔這其中的主要責任。時代變遷，媒介形式更新，政治、經濟、社會環境變化，每一次新聞共同體與社會的衝撞，記者都首當其衝。我更傾向於樂觀認為，這是一個適應的過程。

但是，具體到採訪實踐中，個人總是難免在行業和機構等宏大標籤下受到挑釁和鄙薄，有時候還要深受個別同行的惡劣行徑牽連。一位朋友說，當記者的很多年裡，不止一次在飯局上公布記者身分後，瞬間感覺到現場的尷尬與冷意，莫名其妙卻又根深蒂固。

媒體和記者，每天所做的工作，是在記錄，也是在分類，然後貼上標籤：「天才 IT 大臣」、「最強業配王」……然而，當這個群體自己被貼上標籤時，也無半點還手之力。全媒體時代，沒有誰可以做資訊霸主。

在和記者溝通時，最重要的詞彙是職業。尊重記者的職業，以職業習慣與記者進行資訊交流。記者的工作就是採集資訊、編輯資訊、傳播資訊，對記者來講最重要的籌碼就是資訊。

有朋友說，跟記者打交道太簡單了，可以在一個小時內把全市跑線的記者叫到會議室。但也有朋友抱怨和委屈，誠懇與對方交往，甚至連小孩上學都幫忙，但出了事以後，他還是寫我的負面新聞，為什麼？有人說，要與記者交朋友，也有人說，記者是「敵人」；還有人說，記者是「對手」。記者是一種職業，當他站在我們面前，就是資訊交換的職業對象。

從這個角度來看，不要期待那些關係友好的記者永遠不寫我們的負面新聞。但是在一起負面事件發生之後，對方留給我們足夠的自我陳述空間，已經做到了基本的職業操守。既要與媒體達成這種默契，又理解他們的職業，這便是良好溝通的開始。

更重要的一點是，資訊是籌碼，在與記者相處過程中，無論是陌生還是熟悉的記者，只要記者認為在你這還能夠獲取到更多的資訊，他就會堅持抓住更多的機會。而一旦發生危機事件時，如果竭力將資訊封鎖，關上辦公室的大門，掛掉辦公室的電話，從那一刻起，你才真正將這個記者推向了你的對立面。所以當危機事件發生後，在媒體面前要保持一種開放的、包容的心態，至少讓記者不站在我們的對立面，讓記者能夠站在中立的位置上，幫助他盡量還原事件真相，透過媒體把事件的全貌傳播給民眾。

第3節　框架理論

媒介真實等於客觀真實嗎？當然不。不可能，也做不到。

學者恩特曼（Robert Mathew Entman）認為，在新聞傳播研究視野中，「框架」

就是將認為需要的部分挑選出來——「人們選擇感知事實的某些部分，並將它們凸顯在傳播的文本當中，透過這種方式傳達關於被描述對象的某種問題的定義、因果解釋、道德判斷以及處理建議。」(2)

而吉特林（Todd Gitlin）認為，媒介框架可以保證記者們能快速、常規的處理大量資訊，識別資訊，認知類別，然後包裝，有效呈獻給大眾。(3)

近兩年來，新聞反轉很多，圍觀群眾忙著選邊站，不停變換隊形。幾年前，曾有位中國大媽在美國機場掌摑華人女店員的消息引起輿論譁然。圍繞中國旅客素養高低的大討論剛剛開始，沒兩天劇情就迅速反轉，女店員涉嫌盜用信用卡，於是輿論又轉向信用卡安全。新聞反轉，一方面與資訊傳播速度相關，事實還未清楚，一部分資訊已經傳播出去了，人們難以準確判斷，另一方面也與框架有關。同一件事情，不同媒體會採用不同的框架觀察、不同的敘述方式講述。

例如記者趕到現場，剛好抓拍到狗咬人的畫面，但實際上被咬的卻是抓狗的人，被捕捉到的畫面很容易讓人產生黑白顛倒、是非顛倒的認知。但是抓取鏡頭的這個攝影師，他一定懷有惡意的嗎？答案是不一定，產生這樣的畫面跟拍攝距離有很大關係。比如攝影師站得太近了或者是站偏了，他的鏡頭能夠抓取到的畫面只能如此。

正如我們每個人在看待世界的時候，都是透過各自獨特的個體經驗視角。同理，媒體在採編資訊時也存在類似的操作規律，媒體會有各自不同的新聞記者、工作人員，他們看待事情的視角也不同，新聞媒體所呈現出的內容也會體現出不同的立場和視角。既然如此，我們可以做哪些工作呢？我們可以透過什麼方式幫助他們還原世界本來的樣子呢？

我們能夠做的就是，把這個攝影師拉遠，幫助他站在恰當的位置，以便看到更全面的畫面。媒體有各自不同的取景框，它有各自不同的立場、觀點，但是可以做的是和媒體一起探索，獲得更加全面的認知體驗。

第4節　議題設定

在大眾傳播研究中，有一個著名的理論叫做議題設定。「議題設定」出現源於「議題設定功能」假說，最早見於美國傳播學家麥庫姆斯（McCombs）和肖（Shaw）在一九七二年發表的《大眾傳播的議題設定功能（The Agenda Setting Function of Mass Media）》一文中，透過研究一九六八年美國總統選舉期間，就傳播媒介的選舉報導對選民的影響形成一項調查報告。「議題設定功能」（the agenda-setting function）為人們提供這樣一種解釋：就物理視野和活動範圍有限的一般人而論，這種關於當前大事及其重要性的認識和判斷，通常來自大眾傳播，大眾傳播不僅是重要的資訊來源，而且是重要的影響源。(4)

也就是說，大眾傳媒往往不能決定人們對某一事件或意見的具體看法，但可以透過供給資訊和安排相關議題，有效左右人們關注某些事實和議論的順序。

大眾傳媒對事物和意見的強調程度，與受眾的重視程度成正比。受眾會因媒介提供議題而改變對某事物重要性的認識，對媒介認為重要的事件首先採取行動。媒介議題與民眾對問題重要性的認識不是簡單的吻合，而是與其接觸傳媒的多少有關，經常接觸大眾傳媒的人，個人議題與大眾媒介的議題具有更多的一致性。

同一件事，先說什麼後說什麼，媒介報導事實的順序也有可能會塑造、改變民眾對於一件事的判斷與態度。

(1) 尹韻公．論明代邸報的傳遞、發行和印刷．新聞研究資料．第 48 輯．

(2) Entman，R.M.Framing：Towards Clarifieation of a Fractured Paradigm. Journal of Communication，1993.

(3) [美] 托德．吉特林著．新左派運動的媒介鏡像．張銳譯 .13-14. 北京，華夏出版社，2007 年．

(4) 郭慶光．傳播學教程．北京，中國人民大學出版社，1999：213～214.

第2章　媒商是什麼？

狹義來說，媒商是全媒體時代，個人或者機構與媒體溝通的基本素養，是德行、智商、情商等在媒體上的綜合呈現；廣義來說，媒商是全媒體時代，個人或者機構對於資訊的接收、採集、加工和發布的能力。

第1節　德商：做一個有德行的人

德行，在此處所指一種基本的道德品行，不是要求每個人都能成為道德楷模，而是牢記一些基本的道德原則。

有德行，首要原則是誠實，這既是一種基本的、美好的特質，同時也是全媒體時代務實和謹慎的策略選擇。全媒體時代，資訊流動速度之快超出以往的經驗想像。謊言能夠存活的時間也極為有限。

有德行，還意味著人們要對一些全人類共有的大原則、大道義有清醒認知，並且堅守。有人會說這很容易，但在實際操作層面這卻並不容易做到。

我們來舉個簡單的例子：某一天，一家企業發生了一起事故，並且出現了較為嚴重的人員傷亡。大批媒體一擁而上，該公司的負責人被堵在門口，數十台照相機和攝影機鏡頭同時對著他，這時該如何回應？

按照常理，自己人失去了生命，我們該及時哀悼。面對媒體，我們更該表現出這種基本的人道主義關懷。「我們的夥伴在這起悲慘的事故中失去生命，我在此表示哀悼，並對他們的家屬表示慰問。」很簡單，對嗎？可如果我告訴你，死去的並不是企業的正式員工，而是工程外包後聘請的兼職人員呢？同時，當這起事故的原因尚未被查明，但媒體已經將矛頭對準企業，質疑企業在生產管理制度中出現嚴重漏洞。此時，被質疑方的發言人在回應媒體發問時，還能將這種基本的人道主義關懷放在首要的考慮位置上嗎？

當被媒體包圍，當媒體直指某些企業領導人者應對此負責時，被指責的領導人很有可能把這些基本的道德表達放在後面，而急著為自己辯解。他可能會說：「死去的不是我們的人，他們的具體情況我並不了解。」言下之意是撇清關係。或者說：「我和你們一樣震驚，怎麼能發生這樣的事情？」言下之意是有人該對此負責，但並不是我。

面對媒體，我們很容易驚慌失措，尤其在對方以一種質問和指責的語氣發問時，我們很容易就忘記了一些基本的德行標準以及相應的表達。我們見過，在發生了重大的災難時，有部門負責人第一句話是：「見到大家很高興。」也曾經出現過，十幾個人不幸遇難，負責人說，十幾個並不算多，往年出現類似事故都是二三十人；還有過醫生對著剛剛死去

你出事，媒體不扛

面對無所不在的自媒體，你需要一點高「媒商」

的嬰兒父母說，嬰兒出生二十四小時都處於危險期，所以這很正常。

以上這些表達，都顯得冷漠和殘酷，但其實並不意味著說出這些話的人都是冷酷、不近人情、沒有道德判斷的人。他們儘管對於一些基本的道德原則和道義有認知，但在危機來臨、媒體登門的緊急情況下，卻沒有做到堅守，反而以個人利益優先，急於為個人或者機關辯解。

德行不僅要在日常生活中踐行，同樣要在危機來臨時刻牢記和堅守，做到言行合一。有德行，還意味著對一些事實能夠有基本的是非判斷，對應承擔的責任勇於承擔。如今有一種奇怪的思維，很多人認為，在危機發生時，萬萬不能道歉，似乎一旦道歉，所有的責任都將歸到自己身上。所以在事情發生時，總是容易出現各種推諉和逃避。這種思維習慣，往往與內部法律、財務部門的嚴格要求有關。但在媒體面前，表達對基本是非的判斷並且適度承擔責任，卻是一項重要的能力。溝通得好，哪怕道歉了，卻可能獲得對方的理解與諒解，從而做出讓雙方都滿意的和解方案；溝通不好，哪怕不道歉，卻可能讓對方緊追不捨，小事鬧大。

經常直接與民眾打交道的公司或個人，在「要不要道歉」這個問題上最糾結，比如醫院、銀行等。有些醫院院長會擔心，在醫療糾紛中，生怕一道歉就招來巨額賠償；同樣，銀行行長也生怕在承認管理漏洞並道歉後，客戶會不依不饒。

不管中間具體的細節如何，患者或者客戶在與本機構發生關係時，遭受了生命或財產的損害，這是一個前提，也是基本的是非。對此負責任的表態，應在情理之中。

但在具體操作中，事情往往並不是這樣一清二楚。比如一起醫療糾紛，也許醫生本身沒有錯，但卻沒能及時將真實情況告知家屬。於是在病人死亡之後，所有不經意、經不起推敲的細節都會浮出水面。但如果從一開始就咬定「絕不道歉」，就會在溝通的過程中激怒對方，使得事件惡化。

之所以將這些情況劃歸到德行一類，是在提醒大家，不要忘記大原則與大前提。不管何種原因，的確發生了生命或財產的損失，表示抱歉、道歉都是在情理範圍內。在英文中，表示道歉似乎更容易變通，"Sorry"既有「對不起」之意，也可以表示遺憾，解讀較為靈活。但在中文裡，如果說哪個機構或個人對一件事情表示「遺憾」，都會給人一種「事不關己、高高掛起」的虛偽感。

而尤其要提醒的是一些已經明確了己方責任、卻還不願認錯的機構或個人。過去幾年中，有把責任推給兼職人員的地方政府，有把消費者投訴稱為「極少數人別有居心的炒作」的跨國企業。事實證明，最後的結局都不會好。犯錯不僅要承擔責任，還要盡快承擔，這是媒商的重要體現。

亞里斯多德認為，某種美好的品德會引起人們的好感。人們更容易相信一位德高望重的人，進而出於對這個人的信任和認同，去選擇接受他傳播的資訊，這是人的德行和品格在溝通說服過程中所造成的作用。人們有時候作決定，並不一定是因為建議本身，而是對某人權威的認同和道德的讚許，在一些重大輿情事件發生時，往往涉及重大的是非價值判斷和最基本的人文關懷。

因而在溝通時，必須要站在道德的制高點上，以人類、國家等宏大角度審視問題，了解媒體訴求，了解民眾情緒。在道德制高點上，再回應和發布事件本身。只有在重大是非判斷上與民眾保持一致，才有可能引導輿論，關注我們接下來發布的資訊。否則就會在一開始就受到輿論質疑，使溝通失效。

比如，某地發生人員傷亡事件，當事機構受到指責。不管這種質疑是否有根據，我們在發布時首先要體現基本的人道主義精神，哀悼人員傷亡，對死者家屬表示體恤。

除了發布立場和內容要符合道德原則以外，發布者自身的道德水準或者權威形象也會影響資訊發布。比如白髮蒼蒼的院士與逛夜店的年輕人，其在媒體和民眾心中的公信力自然不同。所以，如何選擇道德制高點上的發布人，也是我們要考慮的細節。

◀思考框：演的比真的表現好？

在我們的工作中，常常需要為來自社會各界的領導者模擬演練。讓我印象深刻的一次，是與一家大型企業的中層工作人員之間的對話。當時的模擬案例是企業改制，下屬一家工廠交由地方負責安置，十多年後問題仍然沒有解決，於是數千名老工人集體上訪。案例取材於現實，雖然經過了加工，但基本脈絡與真實情況並無大的出入。

那次模擬的訪談，是我經歷過交鋒最激烈的演練之一，並不是說雙方對話言語有多尖銳，而在於問題一開始，我便明顯感覺到對方內心裡醞釀著強烈、激動的情緒。

在案例設計方案中，我們預期的方案是，希望模擬的企業負責人能夠第一時間向上訪的老工人道歉，理解這些工人背後的利益訴求以及情感需求。這個案例的難點之一在於，企業似乎並不應該承擔主要責任。轉型之初，下屬工廠就劃歸地方政府安置。安置工作沒做好，地方政府責任更大；但對於這些奉獻青春、奉獻生命的老工人來說，企業仍然是他們的歸屬。於是在十多年中不斷尋求企業出面，卻一直沒有結果。

回到那次演練中，對方有非常明顯的迴避和辯解，十幾分鐘的對話幾乎大部分都糾結在「要不要道歉」的問題上。而且在對話過程中，對方的情緒波動較大。等到演練結束，稍微平復情緒後，對方說，在現實生活中，他參與了這件事的處置過程，其間有太多委屈、誤解和不平。所以，哪怕是在模擬演練，記者的問題還是直接引發了他的真實情緒和反應。在短暫的模擬過程中，這種真實的情緒集中宣泄，為台下學員留下了推諉、迴避、不負責任和冷漠的印象，而對方在現實生活所做的努力，採取的種種措施，卻沒能表現出來。

有趣的是，同一個案例，另外一個完全與此事無關的企業負責人卻表現得可圈可點，該道歉道歉，該說解決方案就說具體措施，該安撫安撫。

這樣的情況，並不是一次兩次，而是常常出現在演練場上。我們在模擬另一家公司或另一名人物時，能夠更快道歉，更誠懇表達，更妥善公布措施；但在涉及本機構或者本人的情況下，卻往往出現沉默、迴避、推諉等負面回應。

究其原因，在事不關己的情況下，一些大的道德原則更容易表達和堅守，而一旦與自身利益密切相關，道歉等行為都會讓我們聯想到未來可能承擔的責任，從而更容易消極抵抗，採取沉默、迴避等策略。而在本案例中，對方與事件關係更緊密，在情感上都有深入聯結，無法超脫看到更宏大的圖景。

從簡短的模擬演練場上，似乎扮演的往往比真實的表現更好。但在實際情況中，毫無疑問，清楚情況、情感上與事件相關方有聯結的人，在經過調整後，在解決問題、深入溝通上會做得更出色。在扮演的過程中，由於扮演者的道歉不用承擔責任，毫無成本，所以也缺少誠意。但深入事件並參與的人，有時也需要學會讓自己的思維和情感「跳」出來，才能夠知道如何有效溝通。

第2節　智商：你需要很聰明

在與媒體溝通時，需要大量的資訊支撐，不僅需要對將要發布的資訊熟記於心，還需要有清醒的頭腦整理、歸類各類資訊，並以完整的邏輯組織。在這一部分，不僅需要理解能力、記憶能力，還需要邏輯能力、快速反應能力等。

理解能力。首先要求能夠迅速捕捉媒體關注的焦點以及輿論場中的核心資訊。媒體提問，有時候會聲東擊西，看似問A數據，實際上卻在寫有關B話題的文章。因而要提前了解、理解媒體需求，準確把握痛點，快速回應。

記憶能力。面對媒體溝通，要打有準備之仗，提前就要準備大量文字、圖片素材。一些重大的記者會舉辦之前，預測的問題往往多達一百餘道。每道問題都有相應的口逕答案，累積的內容又何止萬字，這些都需要新聞發言人熟稔於心，重要口徑一定要倒背如流。外交部等部委口徑，字字斟酌，一字不可錯。與媒體溝通，不僅要記憶文字，同樣還要熟悉那些經常和你打交道記者的基本情況。

雜誌曾刊登過這樣一個故事：[1]美國總統雷根常常記不住記者的名字，而在美國要顯示總統有為、親民，他必須要能叫出常駐白宮的記者名字，這可非常為難七十多歲的雷根。新聞辦公室的工作人員幫他想了很多辦法，可雷根還是記不住，新聞官員於是決定為記者安排固定的座位，通常是幾大電視網和大通訊社的大牌記者坐在前排。新聞官員事先會告訴雷根，應該讓坐在第幾排第幾個座位的記者提問，因為這幾個記者會提「友好的」問題。所以人們在電視上經常看到，雷根面帶笑容，從容向某位記者一指，迴避叫出他或她的名字，但這種把戲也有搞砸的時候。有一次，美國報業集團——赫斯特報系（Hearst Corporation）的一名資深記者被安排到一個特定的位子上，以便讓這位記者提出一個便於回答的問題。可到了記者會開始時，不知何故他缺席了，那個位子就被另一名記者占了。說來也巧，這一次雷根不知哪裡來的自信，決定要叫記者的名字。於是，人們從現場直播的電視上看到，雷根用手一指，叫道：「鮑伯。」大家順著他指的方向看去，電視鏡頭也對準了那位記者，但是沒有回應。信心十足的雷根指著那個記者，抬高嗓門說：「我叫你呢，鮑伯．湯馬斯先生。」這當然立刻引起新聞發布廳裡一陣大笑。

邏輯能力。這裡的邏輯能力，不僅指的是對文字素材的組織和運用，要條理清晰、邏輯分明，更指的是回應整體策略的內在邏輯要堅實可信。如果面對質疑聲，你準備拋出一個不同的觀點或者解釋，那麼絕不能簡單說出你的結論，而要提供能夠支持這一論點的各種論據才可以，而且論據與論點之間連接的邏輯也要可信。

邏輯是首要的說服手段，是以形式、慣例和推理模式去打動受眾，並使之信服的感染力，也是我們常說的「曉之以理」。「理」是說理和推理的結合，向受眾正面擺出事實，舉例說明，並分析內在的邏輯，接著推理，從反面指出危害，讓受眾權衡利弊。

全媒體時代，民眾對於事實和觀點並不一定全面掌握，有時會作出錯誤判斷。如果需要反駁，那麼對邏輯自身的嚴謹性就要求很高。

如果媒體或民眾對某件事態度不明、搖擺不定，那麼我們在架構邏輯，選擇事實舉證時都要符合統一邏輯，合理推斷，獲取民眾理解和支持。如果媒體或民眾對某件事已經有了明確的與我方相反的態度，那麼，我們需要深入分析對方的邏輯和事實，以更加縝密的分析，剔出對方邏輯錯誤或失實細節。同時，如果我們選擇用建構另外的事件邏輯來說服媒體和民眾，那麼尤其要確保邏輯嚴謹而合理，細節準確而適當，否則就將失去回應的最佳時機，喪失再次回應的公信力。

快速反應能力。與媒體溝通時，資訊傳遞速度驚人，情況瞬息萬變，在接受媒體採訪時，更是短兵相接，突發狀況不斷。這時就需要快速反應，一旦回覆不當，反而會另生枝節，導致事態惡化。曾有記者詢問中國外交部：「日前美國總統布希訪問伊拉克時，一名伊拉克記者在布希舉行記者會時向他丟鞋子，你對此有何評論？我們採訪了一些民眾，大部分人都認為這件事情很正常，因為美國太強勢了，你怎麼理解這種情緒？」而外交部發言人風趣回答：「民眾怎麼看這件事是個人的事，但是我認為對一名國家領導人應該有基本的尊重。這件事也提醒我在這裡觀察誰要舉手提問題的時候，同時還要注意誰在解鞋帶。」

＊ 案例：要聽懂對方真正想說的是什麼

二〇一四年三月二十二日晚間，一家線上旅遊公司開啓了用戶支付服務介面的測試功能，使所有向銀行驗證持卡所有者傳輸的封包均直接保存在本地伺服器，包括信用卡用戶的身分證、卡號、CVV 碼等資訊，均可能被駭客任意竊取，網路個資安全問題又浮上檯面。

輿論非常關注這一消息，當晚七點，這家公司召開緊急會議，並要求技術部門排查事故原因，會議結束後通知全體員工統一口徑，協調各方行動。並在兩個小時後在官方網站回應此事。晚間十一點時二十二分，公司具體回應，稱漏洞係該公司技術測試中的短期漏洞，並已在兩小時內修復，僅對三月二十一日、二十二日的部分客戶存在危險，強調目前沒有用戶受到該漏洞的影響造成相應財產損失的情況發生，並表示將持續報告此次事件。三月二十三日，公司發布聲明，稱的確存在漏洞，且目前已確認共有九十三人帳戶存在安全風險，並表示已通知相關用戶更換信用卡，並給予這些用戶禮品券作為補償。不過，其公關並未收到很好的成效，不少網友以質問的語氣表達不信任。二十三日上午八點，邀請第三方權威機構評估該網站的安全，並透過官方向民眾公布結果，下午三點召開記者會，邀請相關十五家媒體參加，並開啓直播平台，向民眾表示道歉，解釋事件的解決措施。

對於此事的處置，該公司不可謂不及時，而且多平台面向民眾，態度開放。公司此前始終堅稱「網路支付是安全的」，泄密事件後，公司將泄露原因歸結於「個別技術開發人員」的疏忽。當事件發生後對輿論的質疑無法提供明確的解釋，最後在重重壓力下承認此前的操作流程中確有違規之處，這樣與最初所宣傳的安全相悖，在消費者心中樹立起的品牌形象也因此受到損害。面對用戶不斷質疑，公司客服也缺乏解決問題應有的誠意，而是以「關於您反饋的事宜，我們非常重視，希望今後提供更好的服務」等官方話語回應，其敷衍塞責的態度導致危機更加激烈。

網路資訊安全，是民眾最為關心的話題。常用的「切割」手段，將事件原因歸結於「個別疏忽」，並不能打消人們心中的疑慮。人們真正想問的是，資訊安全嗎？這家公司還有修復和彌補的能力嗎？幾百元補償和民眾真正關注的資訊安全，顯然不在一個等級。

危機事件的處理能力，不僅是情商的體現，也是智商的體現，在危機事件發生後不僅要與民眾持續溝通，而且要讀懂民眾和媒體到底在問什麼、他們想知道什麼。很多時候，媒體的提問並不像問題表面呈現的內容那樣簡單，往往這時需要我們動用智慧讀懂背後含義，並迅速反應，採取策略性的方法尋找答案，並回答問題。當事情發生後要勇於承認事實，逃避永遠不是解決問題的方法，反而容易讓民眾誤解成在逃避責任、欺騙大眾。所以要承認事實，而且在承認事實的同時，用坦誠的心態與民眾溝通，不含糊其詞，不東閃西躲。

第3節　情商：你需要一顆同理心

古人還說，動之以情，只有在情感層面上，與民眾和媒體產生共鳴，才能理解對方、獲取對方信任，使對方接受資訊，改變態度。一場災難發生，發言人不合時宜的笑容，可能會影響事件的整體走向。當人們的悲傷、憤怒、無奈得不到回應，就會引發進一步情緒升級和過激的舉動。

同理心不是同情心，不是從上到下的情感施捨，而是在溝通時需要與對方換位思考，

你出事，媒體不扛

面對無所不在的自媒體，你需要一點高「媒商」

努力做到感同身受，將自身置於對方的境地和邏輯中體會，才能夠聽懂對方真正想說的是什麼。在彼此了解的基礎上溝通，才是有效的溝通。如果在態度、在情感層面，沒有辦法被對方接受，那麼接下來要傳遞的資訊都將被阻礙在這一環節，無法到達。道德上正確，情感上共鳴，才可能做出恰當的態度表達。

站在聚光燈下的人們，往往缺少足夠的時間體會對方的感受。當指責來襲，很多人會下意識逃避和抗拒，或者找其他的藉口推諉，如果遭遇失敗，很可能會去揣測對方的動機，「陰謀論」等說法也容易在這個階段被拋出來。

儘管我們不排除會有極少數人是帶著利益訴求來溝通，但是很多時候，人們只是想聽到一個解釋、一句道歉而已。

一個剛出生幾個月的孩子在接種疫苗時死亡，也許這是耦合反應導致，在醫學科學領域所說百萬分之幾的正常機率範圍內；但對於這個家庭來說，依然是百分之百的痛苦和損失。當家長到了診所時，看到了躲避的工作人員，一位匆匆趕來處理此事的衛生所官員告訴記者，相關部門已經介入，接著用手遮擋住鏡頭；更有甚者，在溝通時，不安慰傷心的家屬，而直接提出：「你要多少錢？」這種速戰速決的心態，無疑加深了相關機構與家屬之間的誤解和矛盾。

有些事情我們已經駕輕就熟，運用理性和邏輯，可以很容易找到對方接受的方案；但是在溝通中，這種冰冷的方式，也許可以解決一時的難題，卻會有後遺症，毀壞整個行業的形象。而更多時候，這種冰冷的方式，要付出巨大的代價，不但不能解決問題，反而會激怒對話的另一方。

過去幾年，核廢料的儲存地點遭到一些地方居民嚴重抗議。有的官員就是一開始思考框架過於單一，以為用經濟利益可以安撫，但是民眾對這一議題的顧慮，遠不止經濟利益一項，還有健康、習慣、風俗等社會人文考量。缺少同理心，以己度人，就容易忽略對方真正的意圖，從而溝通失效。

全媒體時代，情商尤其重要。資訊流動速度越快，給予人們全面吸收、冷靜思考的時間就越短。複雜的數據、技術詞彙、科學解釋不容易被理解，在快速溝通的情況下，也容易被簡化或歪曲。在這種情況下，強調態度反而成為更為有效的溝通手段。態度被接受了，後續的溝通才可能有效，而恰當的態度表達是建立在同理心的基礎上。

你是否願意道歉？是否重視？有多重視？你能否理解對方的傷痛？你是否願意努力改變？你是否願意為此懲罰你的員工？對這些問題的回答，都將反映出你對這件事情的態度。

在一些嚴肅的科學或技術領域中，大型機構或是專業人士容易與媒體、民眾發生衝突，因為他們總是試圖用專業術語說服；但事實上，煽情報導更容易獲得收視率，大多數人對故事性、情感性、戲劇化的內容更感興趣。在與媒體溝通的時候，先要打動記者的心，提供感性的故事，從同理心出發，設身處地、換位思考，以民眾和媒體能夠接受的方式傳播資訊。如果在溝通時，不變通而固守硬性標準、政策、法規等，容易被誤解為態度傲慢，引發不必要的衝突。一些權威人士或者大企業往往容易為其所困，小的、新的公司反而容易靈活回應。

面對焦急和憤怒的民眾，用生硬的政策語言和乾癟的場面話回應，無疑是一種錯位溝通。企業在出現危機時首先要保持冷靜，不要急於辯解，不要急於證明企業有多麼合格和優秀。反而要有一顆同理心，傾聽民眾的所思所想，了解他們的內心需求，從關懷和穩定消費者的情緒入手。如果一味強調合法、合規，反而會顯得企業冷漠和不近人情。

◀ 轉播車：醫者與記者要溫度溝通

醫者妙手回春，救死扶傷。在歷史以及當代視角中，「醫生」對於民眾的意義都遠遠超出了單純的職業範圍，而與生命高度等同。人們仰仗醫生的專業技術與人文關懷。有人說，人類的歷史是與疾病抗爭的歷史，而正是醫生的努力，才佑得千家萬戶安康。「無論至於何處，遇男或女，貴人及奴婢，我之唯一目的，為病家謀幸福，並檢點吾身，不做各種害人及惡劣行為。」兩千多年前，希波克拉底的誓言仍錚錚在耳。

而記者，鐵肩擔道義，妙手著文章。美國報人普立茲 (Joseph "Joe" Pulitzer) 說：「倘若一個國家是一艘航行在大海上的船，那麼新聞記者就是船頭的瞭望者。他要在一望無際的海面上觀察一切，審視海上的不測風雲和淺灘暗礁，及時發出警告。」多少年來，記者以筆為槍，揭黑揚善，守護正義。

兩大職業集團多少年來，各司其職，共同守護社會發展；但近年來，彼此之間卻屢屢發生碰撞，誤解不斷。

二〇一五年，一組讓人遺憾的數據，形象描繪了兩大群體之間的關係：針對「醫療場所暴力的原因」的調查結果顯示，二〇一一年，53.75%的醫師在選項中，選擇了「媒體的負面報導，導致醫患關係緊張和暴力傷醫事件發生」；而在二〇一四年，這一數據上升至84.31%。醫師協會為此呼籲，希望媒體從業人員用手中的筆增強醫患之間的良性互動，讓社會更加美好。

全媒體時代，大量資訊快速流動。往往事件剛一發生，相關資訊就已經在網路世界中傳播，網路關注迅速集聚。網路平台本身的「去權威化」給了普通網友發聲機會，但在醫學等專業領域中，科學、理性的權威聲音也遭到湮沒。同時，媒體自身激烈的競爭，也迫使新聞工作者用於甄別、判斷的時間大為縮短，新聞報導呈現碎片化，以滾動方式刊出，並且真偽難辨、魚龍混雜，新聞媒體作為「守門人」的作用被大大削弱。

公共健康報導中的資訊，滿足了民眾的知情權，同時也容易代入民眾自身想像，容易產生情緒導向。冷冰冰的技術詞彙，只能將記者與民眾推得更遠。醫者面向民眾的表達，應是柔軟、有溫度的，記者卻應是理性的。在紛繁嘈雜的輿論場中，以醫學科學為準繩，審視關注，不能任由情緒和感性引導。

醫者與記者之間，多年來已經累積了輿情負債，誤解已經產生，傷害已經造成。然而，任何一方沉溺於負面情緒，都無益於問題的解決。彼此指責、厭惡甚至仇恨，都只能讓我們的關係日趨惡化。記者喪失公信力，醫者形象也會進一步受損。醫療機構和醫護人員有意願、有能力去參與民眾討論，維護自身權益和形象，能夠與那些惡意的、不良的輿論製造者抗衡。只是，如果更早一點，聲音更大一點，效果就會更好。

醫者為患者解除病痛，記者以筆為社會療傷。醫者與記者，有共同的敵人——疾病、惡意誤導輿論的利益集團，理應攜手，以各自職業的操守和積極的態度，溫度溝通。這又何嘗不是醫學人文精神對於社會、超出醫學範疇的反哺？

＊ 案例：情感是一種共通的語言

二〇一四年八月，明星房祖名因涉嫌吸毒被北京警方抓獲，房祖名因涉嫌容留他人吸毒罪被刑拘。

十八日晚，成龍經紀公司在官方網站聲明道歉，暫代房祖名向社會民眾致歉，表示此次事件造成的社會影響，公司願意與房祖名一起承擔，並希望監督他改過自新，回到正途。同時，經紀公司也稱案情進展還在進一步了解中。

二〇一四年八月二十日，成龍就其子房祖名涉毒被警方拘留一事向民眾道歉，表示教子無方，將負起責任，向民衆道歉。全文如下：「謝謝所有朋友的關心。兒子房祖名出了這樣的事，我感到非常憤怒，也非常震驚！作為公眾人物，我很羞愧，作為父親，我很心痛，尤其是他的母親，更是心碎。希望青少年以祖名的教訓為戒，遠離毒品的侵害。在此，也對祖名說：做錯了事，要承擔後果。身為你的父親，我願意與你共同面對未來之路。最後，我教子無方，也要負起責任，並替祖名一起向社會民眾深深鞠躬道歉。謝謝大家！」自稱為其經紀人的人士也對外發布聲明說：「你的爸媽當晚在香港徹夜未眠，他們流再多的眼淚，也灌溉不了這個旱災，大哥和公司都發了說明，放心我們會和你一起走下去。」

房祖名「吸毒事件」事發後，房祖名及其家人並未採取迴避的狀態，而是採用低調的道歉認錯方式透過親情感染民眾。

在房祖名吸毒被抓後，成龍及全家並沒有馬上就對外發布相關聲明，而是等待時機，觀察勢態變化之後發布相關聲明。公眾人物發生危機事件時的處理方法，不僅要給民眾一個合理的解釋，而且明星要積極喚起民眾對自己既有的美好情感。成龍作為房祖名的父親，在房祖名吸毒被抓後，在向民眾發布的道歉中，首先表明做父親的看著兒子做出這樣的事情有多麼的痛心，緊接著在媒體的相關採訪中又表現出堅強而愛家人的形象，強調自己可以做好一切，並說明自己很擔心妻子，向民眾和媒體傳遞妻子在這個事件中情感受到了很深的打擊。一反一正，成龍自己堅強為兒子奔波，妻子疼子心切內心煎熬，既用親情和民眾進行溝通以博取民眾的同情和理解，又用堅強而顧家的好丈夫形象來博得民眾的好感，轉移民眾對吸毒事件本身的注意力。

處理危機事件不僅需要智商，而且需要高情商。迴避、否認、欺騙都不利於危機的消減，反而很容易招來質疑。在危機事件的管理中要善於把握、感受和影響、利用情感。把握情感、感受情感要發揮同理心，在與媒體和民眾溝通中要表達對受害者的同情和關心，要善於疏導受害者的消極心理，要善於引導民眾的情緒向積極方向轉變，在溝通中安撫多方情緒。想辦法用誠懇的話語真摯的情感來講述自身的問題，想辦法借助人類共同的情感感受。如：親情、友情、愛情、幸福、童年、期許等可以觸動人心的情緒感受。引導民眾與企業形成情感的共鳴，發揮情感的影響力、感染力。

第4節　風趣以及其他

本來是一本正經的記者會，引用一句詩詞或者網路用語，既能表達意見，同時又凸顯風趣。

還有一些其他的素養，可以幫助與媒體有效溝通，比如一種主動的心態，一種穩定的氣質。人們常常把接受媒體採訪想像成窘迫、被動的應對。但是恰恰相反，與媒體溝通應該架構在主動、開放的心態下。

在白宮舉行的總統記者會上曾經有個慣例，每次提問都由美聯社或合眾國際社的資深記者提第一個問題。三十分鐘一到，也由這位記者以一句「謝謝總統先生」來結束這次記者會。[2]這是羅斯福執政期間延續下來的習慣。有一次，談興大發的雷根總統在記者會上大談每個人應該如何將自己收入的一部分拿出來捐給教堂，從事慈善事業。像許多美國政客一樣，他所提倡的未必就是他自己所實踐的，而在興頭上的他恰恰忘了這一點，可是有的記者沒有忘記。正在此時，記者會結束的時間到了，可意猶未盡的雷根卻表示他願意就這個話題再回答一個問題。令他萬萬沒有想到，記者的問題是：「總統先生，請問您本人捐給了教堂多少錢？」被抓住軟肋的雷根即刻顯得十分尷尬，只好用一句風趣的話為自己解圍：「我剛才應該接受湯瑪斯女士的建議，結束這次記者會。」這次教訓促使後來接任總統的老布希決定，由總統本人宣布記者會結束的時間，以便把主動權牢牢掌握在自己手中。

記者會由誰來宣布結束，其實是一種主導權和控制權的體現。我們說，讓記者來宣布結束，顯然是把主導權讓渡出去，致使一些不必要的危機出現。但在一開始，這種設計又何嘗不是相當自信的體現，對任何可能情況都胸有成竹，對媒體記者與我方之間的關係非常篤定。但從現實層面考慮，把記者會的主導權掌握在自己手中，對大多數人來說，還是一個務實的選擇。

美國不少優秀的新聞發言人都是幽默高手，像前白宮發言人弗萊斯徹（Ari Fleischer）、麥克萊倫（Scott McClellan）等，不僅反應敏捷、出口成章，而且幽默風趣、不失鋒芒。前美國國務院發言人魯賓（James Rubin）在家中新添了個兒子後決定回家「相婦教子」，雖然風格向來咄咄逼人的他，曾說做新聞發言人就必須會「咬人」，但他還是把幽默當作了不可或缺的一項武器。在魯賓卸任前的最後一次記者會上，魯賓的妻子、CNN 著名記者艾曼普（Christiane Amanpour）一本正經問台上的丈夫：「你如何保證會給兒子換尿布？」在一片笑聲中，魯賓以一貫的外交辭令答道：「我會採取一切必要的措施，以及適當的措施。」[3]

(1) 黃友義．美國白宮故事：讓雷根總統頭疼的記者會．文章來源：http：//news.sina.com.cn/newmedia/2005-11-03/13407348281s.shtml，2005-11-03.

(2) 黃友義．美國白宮故事：讓雷根總統頭疼的記者會．文章來源：http：//news.sina.com.cn/newmedia/3407348281s.shtml，2005-11-03.

(3) 中國「SARS 型」外交辭令引追捧．文章來源：http：//news.hexun.com/2014-04-30/164387472.html，2014-04-30.

第3章　與媒體溝通需要記住的十句話

◀ 誠實是一種美好的品德

在與媒體溝通時做到誠實至關重要，不知道的內容不要輕易說。在人人皆記者、處處有紀錄的時代，任何一個詞彙、一句話都是證據。除非你已經撒謊成性，否則還是秉承誠實至上的原則更為恰當。

僅僅誠實還不夠，還要很快誠實表態，而且始終如一。不要等到真相浮現，才發現為時已晚，所有工作都將前功盡棄。

事實上，以美國為例，「講真話，不撒謊，不掩蓋」等公開運作原則被適用於所有資訊的對外公布。公開運作原則由美國福特總統新聞祕書奈森（Ron Nessen）闡述，並持續使用至今。從奈森上任的第一天起，他就總結設定了這樣一套原則：講真話，不撒謊，不掩蓋，親自公開壞消息，越早公開越好，並加上自己的解釋。

全媒體時代，要誠實，不要說謊，因為謊言註定會被揭穿，不同的只是謊言存活的時間長短。

二〇〇三年，SARS 疫情暴發，成為中國政府新聞發布制度重大改革的導火線。

你出事，媒體不扛

面對無所不在的自媒體，你需要一點高「媒商」

有關SARS的傳聞不絕於耳，中國在劇烈的恐慌情緒刺激下，不斷衍生出新問題，中國官僚「祕而不宣」、「只做不說」等這些頑固的資訊發布思維遭遇前所未有的挑戰。

二〇〇三年四月三日，中國時任衛生部部長張文康在國務院記者會上宣布，SARS已得到有效控制，並稱在中國工作、生活、旅遊都很安全，而時任廣州呼吸病研究所所長鍾南山在接受電視台採訪時卻拒絕那樣說。

四月八日，退休醫生蔣彥永接受美國《時代》雜誌採訪，SARS疫情在世界範圍內受到關注，中國則成為世界焦點。掩蓋資訊或者拒絕公開，不僅引起國際社會對中國的質疑，同樣引起民眾反感。

四月十一日，鍾南山在記者會上再次聲明：「從醫學的角度來看，這個病的病原到現在還不清楚，怎麼能說已經控制了呢？」官方資訊與專家資訊發生嚴重衝突。

四月二十日，張文康被免職。因為恐慌而產生的謠言大肆流行，資訊公開成為平息恐慌最有效的工具。政府新聞發布所面臨的媒介環境、民眾環境都已發生改變，對其要求不只是「要說」，而且「要說真話」，資訊公開變得迫在眉睫，應當機立斷。

全媒體時代，誠實是一種美德，也是一種恰當的策略。因為當謊言被揭穿，所有已經發布的資訊都將受到質疑，前功盡棄。

▼言而有信才知其可

《論語．為政》有云：「人而無信，不知其可也。」危機處置過程中，言而有信是建立公信力的基石。如果承諾不能踐行，那麼就將在後續處置過程中喪失信任，損害品牌。負面事件發生後，損害已經不可避免，但讓民眾相信機構有修復錯誤的能力，是形象修復的基礎。

二〇一〇年墨西哥灣石油鑽井平台爆炸事件，可謂一個經典案例。

二〇一〇年四月二十日夜間，位於墨西哥灣深水地平線的鑽井平台爆炸，並引發大火，約三十六小時後沉入墨西哥灣，造成十一名工作人員死亡。該鑽井平台由英國石油公司（BP）租賃。此次漏油事件造成了巨大的環境和經濟損失。同時，也為美國及北極近海油田開發帶來很大的影響。受漏油事件影響，在美國距事發地點較近的各州先後宣布進入緊急狀態。由於該事件影響範圍廣泛，影響程度深刻，因此也受到很強的輿論關注，英國石油公司在輿論指責中首當其衝。

在對漏油事件的處理中，英國石油公司一開始採取封鎖消息的方法，在事故前期處置過程中，BP從公司發言人到CEO唐熙華（Tony Hayward）基本上是支支吾吾，答非所問。他們對媒體和民眾強調的是：「等事件調查結束後我們會公布真相。」BP領導人被美國媒體諷刺為「被石油裹住嘴的海鳥」。

而備受爭議的，還有 BP 公司在阻止石油泄漏時樂觀的表態，與失敗的補救措施之間形成的強烈對比，以及故意對事情嚴重性輕描淡寫。

五月十一日，英國《衛報》一篇文章引用唐熙華的話說：「墨西哥灣很大，與那裡的水體相比，泄漏的原油和我們噴灑的驅散劑很少。」他承諾 BP 將「鎖定」這場災難。「唯一的疑問就是什麼時候。」來自數位科學家均報告說，墨西哥灣五千英呎以下出現了巨大的油柱。針對這些發現，唐熙華於三十日表示「石油都在表面，沒有什麼油柱」。

實現了承諾是英雄，如果一再失敗就是騙子。一開始，BP 使用大型鋼筋水泥罩住，堵住漏油。這一方法宣告失敗後，BP 又試圖使用一個更小的、更相容漏洞的「大禮帽」來完成這一任務，但再度失敗。之後 BP 又祭出「滅頂法」，唐熙華稱這一方法成功率達「60% 到 70%」，但這一方法還是沒能成功。

然而隨著事態的惡化，五月初，唐熙華開始走向櫃檯，承認公司在「初期犯了幾個小錯誤」，包括對受害人的賠償等問題；五月中旬，他改稱 BP 對漏油事件「絕對負有責任」。唐熙華在五月十三日接受少數媒體採訪時承認，公司沒有阻止石油泄漏的相關技術，事後才明白 BP 應該對此類緊急事故做更充分的準備。這一表態實在令人吃驚，作為最大的深水石油鑽探公司，BP 竟然對阻止深水石油泄漏如此黔驢技窮。

「到現在看來，要嘛他非常愚蠢，要嘛就是不誠實——但可以肯定的是，不值得信任。」《華盛頓郵報》記者、獲得二〇〇九年普立茲獎的尤金．羅賓森在〈是時候給 BP

的CEO一腳〉一文中寫道：

「BP公司在陷入輿論漩渦之後，採取了一系列有效和具有創新性的補救措施，但仍然無法化解其在事故前期糟糕應對所帶來的負面效應。五月初，BP首次向外界公布了一段三十秒的水下石油泄漏錄影，之後又在網站上開始直播海底石油泄漏情況。在五月三日BP發布聲明稱『將會承擔起所有必要的石油清除費用』和『所有正當的賠償費用』，並積極採取各種補救措施。自該日起，BP公司努力做到資訊公開並及時和相關利益者溝通，公司的發言人不時出現在各大主流電視媒體向人們發布救援的相關資訊。」

在這期間，BP公司聘用美國前能源部發言人為其美國媒體關係負責人，展開了新的公關攻勢，投入五千萬美金廣告經費為挽救品牌形象進行新一輪的嘗試。六月五日，BP公司在Google、Yahoo等搜尋引擎上投放關鍵字廣告，購買了一些關鍵字如「漏油」、「漏油索賠」當人們搜尋這些關鍵詞時第一個出現的就是BP公司官方主頁，點擊後便進入BP為此次事件設立的相關專頁。

如果承諾無法實現，再做廣告只能再一次激起民眾的憤怒。據美國相關機構統計，自四月二十日發生漏油事件至七月底，該公司共支出九千三百萬美元的廣告費，每週平均廣告開銷超過五百萬美元，是去年同期廣告費用的三倍多。有評論稱，這些數據側面證明了BP對公司品牌形象的注重和努力，比重視實際安全環境保護工作可能投入得更多。

二〇一一年，據美聯社獲得的文件顯示，前英國石油公司（BP）執行長唐熙華正面臨

你出事，媒體不扛

面對無所不在的自媒體，你需要一點高「媒商」

來自美國聯邦政府的指控，稱其在墨西哥灣漏油事件期間，違背了披露英國石油公司泄漏到海裡的石油量的承諾，並指責唐熙華此舉是為了對當時英國石油公司不斷下跌的股價提供暗中支持。

二〇一五年七月，英國石油公司與佛羅里達等四個受影響州達成協議，支付一百八十七億美元（約五千八百三十億臺幣）和解。這是美國歷史上最大規模的公司和解案。

處理危機事件時，適度承諾是一劑良藥。受事件影響，民眾處於焦慮、緊張情緒之中，此時不斷告知事件進展以及未來將要採取的措施和可能達到的效果，對於民眾來說，無疑是一劑強心針。但是需要注意的是承諾的給予一定要適度，做不到的承諾不要給予，給予了承諾就要竭力做到，否則會失信於民眾，不利於形象的重新塑造。

◀沉默是一種態度

在全媒體時代，不要以為不說話、不回應，就可以從民眾視野中抽離。在記者打電話來時，掛上電話或者說：「老闆不在」、「我不清楚」等任何回應都可能會被記錄下來。當記者以求證的心態來尋找資訊，那麼沉默也是一種態度。

我曾經花了近三個小時向一家地方機構解釋這句話。這家機構剛剛陷入了一場輿論危機，他們的負責人選擇了像鴕鳥一樣，等到記者來時，一頭埋進土裡，堵住自己的耳朵、遮擋自己的表情，然後趁著記者一不留神，迅速逃跑，這樣做的結果當然不會好。快速回應、誠懇回應，都應成為全媒體時代必須具備的素養，但仍然有人選擇僥倖。

我們來看一段媒體文字：

記者就此向某某相關部門負責人求證，要嘛對方拒絕回應，要嘛被踢皮球，要嘛藉口訊號不好將記者電話掛斷……記者就此透過電話向某某求證，對方稱自己當天出差，不便接受電話採訪。

隨後，記者試圖與其上級A取得聯繫，幾次撥打手機無人接聽，簡訊留言也沒有任何回覆。記者借助辦公電話，終於和其上級B打通電話，她聲稱正忙不便接受採訪，已與A交代，可直接與A聯繫。然而，記者再次撥打A電話，仍沒有人接聽。記者無奈，只好寄望於上級C能介紹情況。但是，記者剛一表明身分，C便藉稱在高速公路上便掛斷電話。後來記者借助值班電話，終於撥通C的電話。

記者：「喂，是C經理嗎？」

C：「哪位……」

記者：「我是某某記者，想……」

C：「喂，喂，喂，喂，這裡訊號不好，回頭再聯繫。」

採訪電話再次被掛斷！

不要以為不接受採訪，媒體就無法報導。在記者求證的過程中，任何資訊都可以被記錄，沉默同樣是一種有價值的資訊。沉默是一種態度，可能是逃避、不屑、傲慢、推卸……總之，沒有一個是正面的解讀。如果在事件發生之初，選擇沉默，無異於將發聲的權利拱手相讓。永遠不要以為，自己的沉默可以讓別人失聲，沉默只會讓另一方的聲音更大更響亮。等到自己不想沉默時，你會發現，輿論場中已經沒有了自己的立足之地。

同樣心懷僥倖的還有一些大企業。在二〇一二年十月，Nikon 一款照相機率先在美國和英國上市，而該產品的進灰問題就被曝光；四個月後，Nikon 在海外市場發表公告，承認一些用戶指出，使用 NikonD600 數位單眼相機拍攝時，照片上會出現多個顆粒狀影像。而這款品牌也採取了沉默的方法應對，多位消費者發現新買的 NikonD600 拍攝照片後出現黑點，用戶到 Nikon 維修站多次清洗進灰，也無法解決問題。二〇一四年二月二十六日，該品牌發表公告稱，將免費為所有出現進灰問題的產品用戶檢查、清潔，並更換快門等相關零件，這封針對用戶的公告在內容上同歐美 Nikon 的聲明如出一轍，但是 Nikon 的響應時間整整晚了一年。半個月後，電視台揭露了 Nikon 黑斑事件，將人們對於該品牌品質問題的質疑深化。兩天後，該品牌不得不發表公開信，在原有聲明的承諾下，增加了第四條：如果以上措施仍不能完全消除這一現象，將會依據法律規定，為用戶更換新產品。

在沉默與拖延過程中，品牌與消費者之間的信任已經逐步瓦解。

◀不要說任何不想上報的話

全媒體時代，任何謊言或推諉都難以逃脫被揭穿的危險。而在媒體面前，任何表態都會被視為一種資訊的傳達。說出去的話就像潑出去的水，難再收回。

在和媒體溝通時，不要心存僥倖。許多人即使認為，這樣的對話不足以刊登，不是正式表態，或是認為雙方並未就採訪問題達成一致所以說的話不算接受採訪，這種錯誤無疑是幼稚的。尤其作為公眾人物或相關政府公共管理機構的工作人員，任何一種回答都可能會被視為一種回應，從而被記錄下來。

在與媒體溝通時，還需要特別注意以下幾點：不建議接受陌生電話的採訪，因為接受電話採訪的時候，雙方資訊的表達不一定清晰。在沒有做好準備前，不要草率上陣，不要輕易面對媒體，要學會記錄，在記者會上可以帶上紙和筆，在記者提問時迅速記錄問題和做好回答問題的準備。不要說不想上報的話，無論面對什麼樣的場景都要保持冷靜，不要被任何言語激怒。如果在記者會上你拍案而起，離席而去，那這場記者會本身的內容就已經完全被忽略了，你自己將會成為新聞人物，不僅對危機事件的解決毫無益處，反而會增加危機管理的阻力，消耗危機處理的資源成本。這樣一來既要處理危機事件，又要平息記者會風波，使本來就岌岌可危的品牌形象再一次受到衝擊。

◀生動的語言在哪都會引人注目

在全媒體時代，新聞資訊的表達需要換一種方式。在以往，我們常常在新聞稿裡看到「市長非常重視」、「第一時間到達現場」等表達方式。但是，什麼叫第一時間？非常重視是有多重視？這些話慢慢變成了新一代的官話、場面話。這些話在新媒體時代在新聞稿中成為禁忌，我們需要做的是將更多細節、更多事實提供給民眾和媒體。

除了內容，官員新聞處理上最流行的視覺化趨勢也很明顯，往往配以圖片加數據。新官話，不僅是新詞、新意，還有新形式、新方法。

但從舊官話到新官話，並不是一朝一夕就能改。詞可以改，話可以改，骨子裡的優越感和固化的體制表達，想改卻並不容易。

◀說「我錯了」，不是結束而是開始

很多人羞於道歉，或者認為一旦面向民眾道歉，就意味著要承擔法律責任。對於一些廠商來說，承認自己產品有問題，似乎就會喪失消費者，但其實恰恰相反。如果在事件

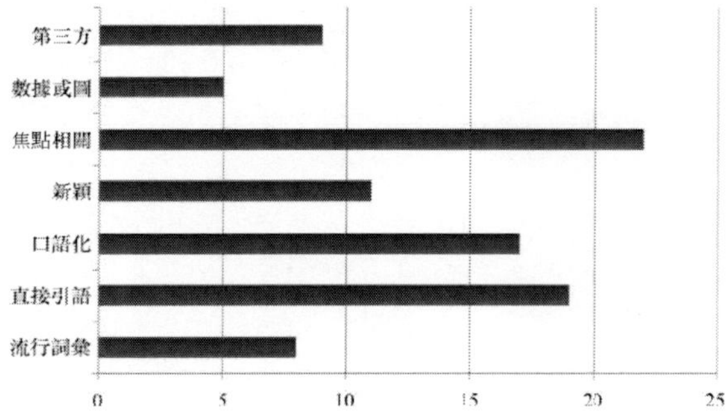

發生後，在有確鑿證據的情況下仍然不及時道歉，反而會將重點導向企業的傲慢與掩耳盜鈴，從而喪失在下一步品牌修復過程中民眾的信任。

二〇一一年九月開始，羅永浩指出西門子冰箱存在「門關不緊」的問題，很快得到眾多西門子用戶的響應，最終形成西門子用戶集體維護權利的行動。

二〇一一年十一月二十日，以羅永浩為首的西門子冰箱用戶，到西門子總部砸了三台冰箱。

二十日晚間，西門子官方回應稱，所涉冰箱產品，係合資公司博西家電獨立生產、銷售並提供售後服務，產品並無品質問題。

二十五日，西門子官方人員就西門子「冰箱門關不緊」問題召開了媒體溝通會，然而在會上，西門子拒絕認錯的表現，讓眾多用戶和網友備感失望。在媒體溝通會之後不久，有網友根據西門子從「冰箱門」爆發到開媒體溝通會，連同西門子洗衣機問題，製作了「砸西門子」影片。影片中拍攝了西門子冰箱門不易關緊的種種表現，並配上了調侃西門子冰箱的唱詞。

二〇一一年十二月二十日下午，羅永浩舉辦溝通會，向媒體及網友觀眾表達了對西門子冰箱門事件的看法。羅永浩在現場進行了第二次砸西門子冰箱的行動，並表示這是最後一次砸冰箱。羅永浩進行了約一小時的演講，並播放了自己在多處家電賣場調查西門子冰箱門的影片。

你出事，媒體不扛

面對無所不在的自媒體，你需要一點高「媒商」

二〇一一年十二月四日，西門子官方再次就冰箱品質問題，發布一封西門子家用電器總裁蓋爾克的信，承認冰箱品質確實存在問題，對西門子冰箱門關閉效果不滿意的消費者致歉。他介紹了西門子家電即將開展的一系列服務措施，以便盡快解決消費者遇到的問題。在道歉中稱：「消費者在消費過程中所感受到的任何不便，都是我們需要解決的問題。如果您冰箱的門不容易關上，對您來說，這台冰箱的故障率就是百分之百。而我們就應該為此向您道歉，並採取措施予以解決。」

羅蘭．蓋爾克稱，除了向消費者道歉外，西門子家電的員工還將盡快解決消費者所遇到的問題。「首先，我們在本週內，將專門開通服務平台，用於解決用戶的網路投訴和維修申請；其次，我們將為每位遇到冰箱門關閉問題的消費者提供免費上門檢測服務。不論您的冰箱是否在保固期內，都可以享受這項免費上門服務；第三，如果消費者覺得冰箱門不能輕鬆關上，在條件允許情況下，我們也可以為您的冰箱加裝一個閉門器，這項服務也完全免費。」

有些企業不理解危機處理是「柔性」的技能，認為只要不承認事實，與媒體對抗到底就是贏了。實際上，與媒體和民眾作對的結果都會慘不忍睹，只能讓本來已經千瘡百孔的品牌形象受到二度傷害。危機處理是柔性的，要理解民眾的聲音，回應民眾的質疑，並真正解決問題。

有時候，只有坦白承認問題，說「我錯了」，才能讓民眾看到機構解決問題的能力與願望，否則雙方就將糾纏在「是否道歉、為什麼不道歉」等問題上，無助於事件解決。

◀讓誰替你說話很重要

二〇一三年十月一日，一輛 Tesla Model S 型豪華轎車在美國西雅圖南部的公路上車禍起火，車輛起火影片迅速在社交媒體網站上傳開，從相關影片中可以看出汽車前部著火，兩側輪胎火勢較大，中間最前部出現幾次小型的火球，駕駛座和汽車後部基本完好。但隨著影片的廣泛傳播，引發民眾對於電動車安全性的懷疑。

在事件發生後，特斯拉由其全球公關總監在汽車起火發生當天發表了緊急聲明，聲明首先承認起火的是一輛特斯拉 Model S，大火僅僅局限在車頭的部位，所有跡象都顯示火焰沒有進入內部駕駛座。同時解釋，由於特斯拉的安全設計，車輛的警報系統顯示車輛故障，並且智慧「指引」駕駛員靠邊停車並安全撤離，避免了人員傷亡。並說明實際上這輛車是在發生重大撞擊之後才起火，並不是自燃，但發言人的聲明，也沒能阻止媒體關於特斯拉車輛著火的負面報導，對於電動汽車安全性的討論愈演愈烈。

為了更好向民眾解釋，特斯拉 CEO 馬斯克（Elon Musk）在十月四日發布公開文章，向民眾解釋特斯拉汽車起火的前因後果。馬斯克首先說明，事故的發生是因為汽車在高速行駛中，撞到路中央一個從半掛車輛上脫落的彎曲金屬物體，壓迫了電池保護裝置造成穿孔，引發著火。接著又詳細解釋了特斯拉獨特的防火裝置，車輛底部的十六對電池組都有防火牆隔離，當汽車遇到意外狀況著火，只會向下方而不是向上方、駕駛座蔓延。為了達到更好的說明效果，馬斯克比較特斯拉電動車與傳統車輛，得出的結論是如果是傳統的燃油車，那麼大火早就把整個車燒成灰了，而特斯拉汽車著火後卻不會傷及駕駛員，而且能引導火勢。

在向民眾發布資訊時，馬斯克還用了數據對比的說明方法，指出傳統燃油車平均每兩千萬行駛里程發生一起汽車火災，而特斯拉則是每一億行駛里程才發生一起火災。駕駛傳統燃油車遭遇火災的可能性，是駕駛特斯拉的五倍。

這些耐心的解釋工作獲得了民眾的支持，但真正讓特斯拉贏得這場「戰役」的，卻是一個出乎所有人意料的援軍——發生事故的車主。特斯拉相關部門在事件發生後，迅速與發生事故的車主取得聯繫，同時還公布了銷售總監與車主的往來郵件。他在郵件中向車主說明了公司對事故的初步判斷。在馬斯克對外發布的聲明中也有車主對於這個事件的評價：「汽車電池經歷了一次『可控燃燒』，但是網路上的圖片顯然誇張了。」此後，特斯拉方面又就異議做出了更加詳細的說明，解答了民眾提出的問題，並讓親歷事故的駕駛員為特斯拉辯護。車主表示雖然發生了事故，但以後還會購買特斯拉的產品。

在危機公關和輿論引導中，資訊和資訊發布者同樣重要。不僅要確保發布的資訊真實，而且要確保資訊發布者具有很高的可信度。資訊來源會影響人們對資訊的接收程度。在事故發生後，特斯拉的 CEO 馬斯克迅速反應，並在個人部落格上發布了相關資訊，馬斯克有一眾堅定的粉絲，而發生事故的車主出面澄清，對於輿情的緩解也非常有效。

◀把壞事說成好事時要小心

現代企業在處理危機傳播過程中，需要更關注利益相關者的心理狀態。企業內部要重塑信心，提高危機反應速度，但也不能過於自信。過於自信的態度反而會激化民眾與企業之間的矛盾，使之前的努力功虧一簣。

重塑形象對於發生危機的企業來說是至關重要的焦點。但是很多時候企業過度急於塑造企業的良好形象，在民眾對於企業負面消息還沒有完全稀釋的情況下，這種著急的心態反而容易造成負面作用，擴大民眾對企業的牴觸情緒。在發生安全問題時不認真反省企業漏洞，卻不斷強調自身管理非常安全，引發民眾的反感自然是無法避免。

◀很多人同時說話不是好事

二〇〇五年，中國某醫院被爆出收取天價醫藥費。一名退休教師住院六十七天，住院費用總計五百多萬台幣。病人家屬稱還在醫生建議下，自己花錢買了兩千多萬台幣的藥品交給醫院，作為搶救急用。被媒體曝光後，該醫院陷入輿論狂潮，但在相當長一段時間內，院方高層、主治醫生、各路專家、知情人以及患者家屬等紛紛表態。作為院方來說，未誠懇回應，也未發出權威資訊，對於輿論核心質疑也始終未公布令人信服的答案。為什麼病人收費單上記錄著一天八十三袋血、一百零六袋鹽水？電視台就此事向院方採訪。

心臟外科重症監護室主任：這個患者我們付出了百分之兩百的努力，現在我們也不明白他為什麼不滿意，不滿意（的意見）他（有）三十多條，我們醫院每項都進行調查，甚至最後連收費多少的都被他查到了，我們不但沒有多收，還漏收了一百三十多萬（人民幣）。（此一句結論與民眾感受直接衝突。）

記者：還有漏收？

心臟外科重症監護室主任：對。

記者：為什麼會這麼高呢？

心臟外科重症監護室主任：為什麼，因為他病得實在太重了，他要求我們醫護人員全力搶救，全力搶救的代價就是得付高額醫療費。（給出「漏收」的結論，卻未能提供充足有力的證據，邏輯薄弱，並直接導向另一個錯誤結論：全力搶救＝高收費。）

記者：假如一個病人他連續幾天都要用最快的速度輸血，他一天能夠被輸的血的上限是多少？

心臟外科重症監護室主任：這個（八十三袋）是領出來的量。血漿是血製品，庫存有時候非常緊張，到了星期六星期天你就得多領備用。因為大家都知道這個病人的血量用得非常大，所以都得事先領出來。（猜測其他科的業務，可能是事實，但並未與其他科事先溝通，造成雙方口徑衝突，讓民眾感覺必有一方在說謊，進一步損害個人以及機構形象。）

醫院輸血醫學科主任：沒有這個（提前領出來備用）情況。我們二十四小時值班，我們是有規定，特別到病房，它沒有保存血液這個條件，我們都讓他分次取。

記者：患者家屬提出對於花費了這麼多錢感到質疑，你們的結論是什麼？

醫院高層：質疑沒問題，我們在調查的過程中，可以說調查的結論並不像患者家屬所想像的一樣，二院可以說就是一所人民醫院、一所農民醫院，我們就是想患者所想，急患者所急，從來不用特權索取身外任何利益，我們的醫護人員能夠做到。（此醫院定位與民眾質疑的「天價醫藥費」形成強烈反差。表決心或是表態度，一定要在理解民眾心理的前提下進行，否則只是自說自話，並且進一步激起反彈。）

記者：這位病人在加護病房的兩個月期間，他被病房收取了一百三十多萬（人民幣），那麼假如是一位貧窮的農民病人應該被收取多少錢呢？

醫院高層：你得問主管部門，我不清楚。

記者：你們的結論是什麼？

醫院高層：我們對於他的照顧，少收了不少錢。

記者：少收了錢就是結論？

醫院高層：對。

記者：能否解釋一下什麼樣的情況，可以使輸血費一天最後在收費單上達到了八十三次？

醫院高層：具體問題我沒法回答。（只表態卻不提供證據、不解答具體問題，只能讓人感覺在喊口號。此類事件中，帳單、數據是最核心的證據。）

記者：那您明白的問題能向我們介紹一下嗎？

醫院高層：在目前為止我只能說這些，你還想問什麼問題，由具體工作的醫護人員替你解答。

副院長：我不清楚這件事，具體情況我不了解，我沒有參與這個事情。

記者：我們反覆跟院方交流，比如說在這次院方需要有一個懂醫療而且懂管理的負責人介紹這次事件，但是連續三次院方都推薦了不了解情況的您出來接受我們的採訪，這個讓我們百思不得其解。

副院長：我想我能回答的問題我都說清楚了。

核心質疑缺乏權威回應，結論缺乏細節做證，而更嚴重的問題是院方資訊回應層級不清，資訊衝突，口徑打架，在輿論場中完全喪失回應能力。很多人同時在說話，這在與媒體溝通時，尤其不是一件好事。

▼謹慎拋出陰謀論

陰謀論，是很抓人眼球的論調，但拋出陰謀論，操作難度大，而且效果難以把控。

幾年前，有中國消費者從某肉食品牌連鎖店買了肋排回家，用熱水洗時水面漂起幾十條蛆。隨後他拿著鍋找到該連鎖店索賠。店員稱：「沒事，還有人專門吃這東西呢！」後又來了兩位女士，一名自稱是經理，一名自稱是總部負責人。兩人都表示此為豬肉的正常現象，每隻豬的排骨熱水燙了都會有。在店裡現場燒開水，用熱水燙了從冷藏櫃中拿出的肋排，並沒有出現蛆。後又改口稱「有的豬有，有的豬沒有」。

隨後，該中國品牌發表公開聲明，稱已排查，檢驗結果達標；同時懷疑投訴者的真實動機，稱將透過法律途徑，徹底解決此次事件。事後，該集團副總經理表示：「我們將依法反擊，會有石破天驚的一天」，並稱「這是一場陰謀」。

陰謀論是許多企業在發生危機後，一種為自己開脫的常用方法。將事件置於陰謀論的框架內，的確模糊了是非邊界，也容易引起民眾興趣。但對於企業來說，拋出陰謀論，直接指責，一定要謹慎，證據是否確鑿？是否能夠藉此舉博得民眾同情？

而在陰謀論這件事上，往往事與願違。是不是陰謀，民眾雖然感興趣但並不真正關心。民眾真正關心的是你的產品是否真的存在這樣的安全問題，你能否證明自己安全可靠？如果存在問題，你又用什麼方式來解決？如果僅僅用陰謀論來解釋危機，那麼不僅無法降低民眾對問題的恐懼，而且會讓民眾覺得企業是在轉移責任，為自己開脫。尤其當大企業針對消費者發難時，往往就會被認為是以大欺小。所以要時刻記住：當危機發生時，拋出陰謀論不是解決問題的辦法，回答民眾關心的問題並解決才是關鍵。

你出事，媒體不扛

面對無所不在的自媒體，你需要一點高「媒商」

中篇 操作手冊

在全媒體時代，人們與媒體互動的機率大大增加，每個人都會接觸媒體，並且隨時都有接受媒體採訪的可能性，每一個人都有可能是某樁事件當中的主角。當我們開始意識到這點，就要開始對自己的策略、技巧、機構的團隊準備，以及個人媒商的提升等方面做好準備。如何與媒體記者溝通看似簡單，但稍不注意就有可能將錯誤的資訊傳遞出去，讓自己或所屬機構處於不利環境。

第4章　溝通策略中的幾個基本問題

第1節　我們能而非我們好

條條大路通羅馬——實現目標的方式方法有很多種。但在採取行動之前，最重要的，莫過於確認方向、明確目標。而目標的設定，與機構的性質、規模有關，同時與輿情事件所處的發展階段也密切相關。

在制定目標策略的過程中，最重要的莫過於清醒與自控。在一些突發事件中，很多機構最常做的事情是叫屈和喊冤。而一旦陷入這種悲憤的情緒中，就容易與輿論陷入一種拉鋸戰——一方面，輿論對於已經出現的問題毫不鬆口；另一方面，涉事機構百口莫辯，連連叫冤。當這種拉鋸狀態持續多日後，輿論會被新的焦點吸引，轉戰他方，但仍然會嚴重損害涉事機構的聲譽品牌，並遺留下沉重的輿情負債難以化解。

突發事件發生後，很多機構以及內部工作人員都會備覺委屈：為什麼平時做了那麼多好事卻無法引起關注？為什麼犯了一點錯就要被輿論追打？

第 4 章　溝通策略中的幾個基本問題

第 1 節　我們能而非我們好

這種心理習慣在輿情處置過程中，很容易將事態引發到一個錯誤的方向——告訴民眾我們是好的，而非「我們能」，這是在聲譽管理中常見的誤區。

在「我們是好的」這一前提下，更常見的表達是：「我們做了很多工作，我們有很多成績……」但這種情況下，人們往往不再願意聽這些成績，而更多處在追責的狀態下。此時，越是自誇成績，越是引起輿論的反感。

問題已經發生，就該迅速表態，站到問題的對立面，而非在責任層面，與民眾討價還價。

溝通過程當中第一要建立的是雙方的信任。只有當信任建立後，當態度被接受以後，你對這件事情要傳達的資訊，對方才有可能接受，媒體才有可能會幫你把這些資訊傳播得更廣泛。

是時候要調整我們的思路了。當問題出現、事故發生時，修復形象不是首要任務，證明「我們是好的」是事件緩和後的任務，證明「我們能」才是當下的重點。確保讓對方相信，現在雖然出了問題，但我們有改變的意願以及能力。只有這樣，才可以為後續的輿論處置工作奠定信任基礎。

第2節　什麼能說什麼不能說

一個機構要有資訊邊界，是對新聞報導的整體把握和就某個具體新聞事件對外的統一說法，需要分層級管理，如左圖。

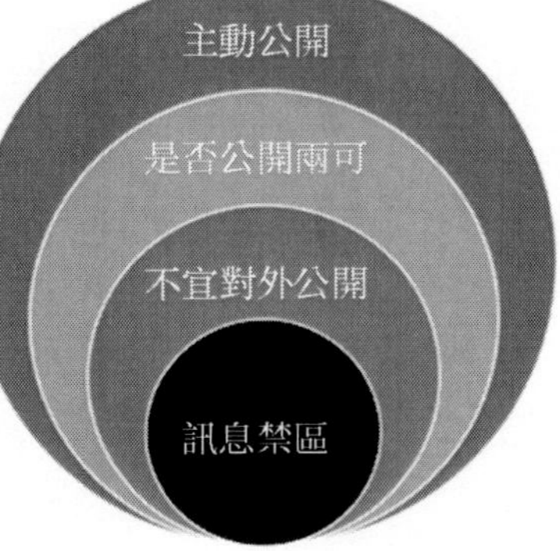

在制定策略前，要先問自己以下問題。這個事件的性質是什麼？為什麼會發生？對誰會產生多大的影響？我們的基本態度是什麼？後續會採取哪些措施？接受媒體採訪，首先要預測盡可能多的記者問題，寫下你認為採訪中將會被問到的問題，對媒體可能問到的關鍵問題進行準備。對於與己方觀點相反的意見，同樣要蒐集和整理。分析反方觀點的論據和案例，查找可能的漏洞。以突發事件為例，媒體往往關注事實，即何時何地何人發生了什麼事？事件原因，為什麼以及怎樣發生？以及結果，是否有人員傷亡或是對某事件的調查結果是什麼？

關鍵資訊的準備需要經過機構內部協商，結合新聞焦點，準確表達機構在該事件上的觀點、態度或措施；要把重要的資訊放在最前面，行文要簡潔，陳述事實，避免情緒化觀點呈現。關鍵資訊的發布要求整個事件處理部門安排統一的窗口發布消息，保證消息的權威性和有效性。

每個層次的資訊需要動用的資源、發布的管道都會不同。

主動公開的資訊，需要整合機構現有媒體資源，盡可能覆蓋廣泛。同時，對於口徑的內容要精心包裝，針對不同媒體特性，用媒體喜歡的方式和措辭傳播。

是否公開兩可的資訊，往往是機構不希望人們主動關注的一部分資訊。這些資訊有可能是一個有爭議的內部政策或規定，有可能是突發事件現場一個不合時宜的決定。這些資訊一旦發布，不會對機構產生重大的負面影響。機構需要做好預案，一旦公開就應當立刻回應，並且迅速擴大傳播範圍。

不宜對外公開的資訊，往往是一些發布後會引發新問題的資訊。對於機構來說，顯然集中精力處理一種突發情況更好，所以對這類資訊要嚴謹保護。但這些所謂的保密資訊，不應當與重要的民眾利益相悖，否則就有掩蓋之嫌。

資訊禁區。這類資訊一旦發布，會對機構產生爆炸性的影響。我們鼓勵機構更公開回應輿論的關切，特別是一些與重大民眾利益密切相關的事情，絕不應當隱瞞。事實上，很多個事例告訴我們，這些事最終也瞞不住。

四個層次的資訊，並非都一成不變，而是流動的，會根據事件發展情況變化。在事件發生之初，略顯敏感的資訊可能會在事件發展後期，成為必須要主動傳播的內容。

我們當然希望，越來越多的機構可以盡量壓縮那些不好說、不能說的資訊範圍，以更公開的態度面對民眾。

第3節　機構：MICE策略

▼監測 Monitor

古人云，知彼知己，百戰不殆。前些年興起的輿情監測技術，能夠透過機器幫助我們實現基本的資料蒐集與整理。儘管很難實現精準預判，但已經能夠提供形象生動的圖表，讓抽象、不可捉摸的輿論變得具象可見。

長久以來，針對輿情分析，衡量、研判輿情的主要指標，有社交網站轉發評論數、入口網站轉載數以及放置位置，同時是否涉及敏感話題等。但實際上，隨著數據以及經驗的積累，輿情監測的未來還有很多種可能，其關注的維度也會隨著電腦技術的發展而日益豐富。

中國曾研究了新浪的七千萬條微博，跟蹤了憤怒、厭惡、高興和低落這四種情緒在社交網路上的傳播[1]。研究發現，情緒憤怒的文章被轉發，或成為憤怒反應對象的可能性，遠遠大於其他三類。這個統計結果顯示，社交網路中憤怒和高興的相關性，顯著高於低落和厭惡，其中憤怒的相關性最高，這意味著包含憤怒情緒的資訊可能會在網路中傳播得更快。我們也發現，當甄別出憤怒情緒時，一些輿論焦點事件背後，憤怒情緒是非常重要的推動力，會激發輿情快速聚集並且形成輿論浪潮。

監測，是要掌握組織機構外部最基本的資訊以及動態。這種工作，會幫助我們更快發現問題，並及時予以反饋。

你應該關注什麼

新聞媒體：

重要的新聞網站：這些網站影響力大，關注範圍廣，在主流輿論場造成引領作用。

重要的產業新聞網站：產業新聞網站往往關注較為持久，對產業理解也較為深刻，往往有更深度的資訊報導，同時對於市場的影響也顯而易見。

社交媒體：例如 FB 或 Twitter，都是重要的公共輿論場，在一些焦點事件中，會成為輿論角力的主戰場，還會持續一段時間。

官方網站：如果在網站上設有投訴平台且客戶意見都清晰可見，那麼在回覆時要盡可能考慮到人的感受，在官方網站上要設立有清晰、便捷的溝通管道。

▼內部調查 Investigate

與媒體或記者溝通時，更多時候是打一場資訊戰。誰手裡掌握的資訊全面、準確，誰獲勝的可能性就更大。換而言之，如果掌握的資訊遠不如媒體，那麼在溝通過程中出現意外、突發情況的可能性就更大。在與媒體溝通時，對自身業務的熟悉和掌握是勝利的基本前提。一旦發現媒體對自身某個特定議題有所關注，一定要迅速內部調查。

例如，新聞曾曝光了某電器員工藉年節假日，把一些本該屬於消費者的贈品和現金騙到工作人員的腰包，同時在舊家電回收的環節，個別銷售員還會主動告訴顧客，如果家裡沒有舊家電，可以另外花錢買憑證，退錢後，還能有多餘的錢。這種謀私狀況不僅存在於多家門市，也存在於不少中層員工中，這些工作人員違反了企業規定。

曝光後，社會輿論和矛頭直指該家企業，認為這類問題是對消費者不負責任。不久，該企業針對此事件迅速回應，稱將嚴查各門市違規操作人員，並將透過回訪，補償造成損失的消費者。在聲明中，他們表示將全面整頓出現問題的門市，嚴格管理銷售員與廠商派駐人員的經營行為，杜絕此類事件的再次發生。

發生危機時，迅速內部自查是必需的動作。危機發生有時是內部原因所導致，有時是受外因激發。無論是哪種因素導致了危機事件，在面對危機時我們都要落實「內觀」這一環節，認真分析和檢討在以往經營服務中的問題，這些細節問題有可能就是危機發生的催化劑。

在危機處理過程中，最了解我們的人應當是自己，而非是媒體和民眾。一旦內部資訊沒有徹查清楚，意味著會有各種隱形的資訊炸彈。

▼ 對外溝通 Communicate

對外溝通是一場綜合「戰役」，是一場資訊戰，是在密切監測與詳細調查之後做出的策略選擇。

對外溝通時，需要明確每一次溝通的對象與要達成的目標。同樣的資訊，需要針對不同的溝通對象，轉換措辭以及風格。

一條對外公開的資訊，所有人都有可能看到，所以需要甄別資訊中所包含的敏感點與風險點。

例如，曾有一段醉酒男子大鬧醫院急診室的影片被轉發，影片中該男子不但砸毀醫院點鈔機，還叫囂讓院長出來下跪道歉。後來院方選擇了和解，但這一和解態度卻遭到該院急診科醫生炮轟。其除了要求醫院拒絕和解之外，還表示會以失職為由，投訴同意和解的部門。

這次事件中，醫院一次公開表態，意味著向所有人同時喊話，不只有醉酒鬧事的男子，還有醫院員工、醫療主管機構以及民眾都會接收到這些資訊。但同樣的資訊，在不同的人群處卻會引起不同的反應。所以和解的表態，鬧事男子接受了，卻引起了員工不滿。

每一次對外溝通，都是複合型溝通，但儘管有眾多受眾，依然要選擇合適的策略重點目標與時機配合。在對外溝通時，可以借鑑後面的 5W 方法。

為了能讓讀者緊張和重視，在此就套用一些戰爭詞彙，描述對外溝通的幾種形式。

閃電戰：就一件突發事件或者突如其來的負面新聞，在充分準備的情況下，選擇戰機，公布切實可靠的反駁證據，迅速結束戰鬥。

持久戰：就某一個標籤化或處理過程漫長的輿論焦點話題，蒐集盡可能豐富的事實、數據以及細節，分階段投放，保持足夠的耐心，逐步收回失地。

游擊戰：如果在一個輿論場上，與我們相關的有多個焦點，不妨採取游擊戰術，各個擊破。同時在流動戰鬥過程中，還可以同步為自己爭取更多時間。

殲滅戰：對於與機構密切相關的謠言和不實資訊，需要下定決心殲滅，表達明確和堅決的態度。

局部戰：在某一次事件處理過程中，篩選重點溝通目標。該目標或是事件的始發媒體，或是在其中扮演了重要的角色，同時又應具備足夠的影響力和公信力。有針對性與之溝通，能有事半功倍的效果。

需要強調的是，對外溝通應是積極主動的溝通，是準備充分的溝通，而非是帶著對抗意識、敵對意識吵架。在溝通過程中，唯一的「敵人」是那些不實的傳聞、謠言以及誤解和偏見。

▼評估結果 Evaluate

在每一次對外溝通後，需要評估傳播效果，同時診斷機構形象。

已有很多工具可以量化評估傳播效果，評估維度包括影響力，比如閱讀數量；傳播力，比如轉發數量；互動性，比如評論數量等。

量化評估工具以及與之相匹配的視覺化圖表，可以提供形象、直觀的一部分現象，但仍然需要理論與經驗修正評估結果。

在評估時，也需要改變單一的評估思維。並不是整件事情處理結束後，一定要所有人都「誇」。如果長官這樣想，實際上會給具體負責處置的人們帶來非常大的壓力，而且在大多數情況下，這根本難以實現。

不是我們「好」，而是我們「能」。在負面事件發生後，不管是政府還是企業的形象都會受到損害。然而，對形象的修復並不能急於一時，要求在輿論平息後就立刻完成，而應當根據實際情況，保有足夠的耐心。

回應輿論關切，並不是靈丹妙藥。很多人總是期待，說了就沒事了，但實際上並不是這樣，要糾正這裡面的錯誤認識：一方面，滿足民眾知情權，回應輿論關切，是機構的義務和責任；另一方面，與民眾溝通，可以爭取民眾的理解和支持，為以後的工作開展奠定良好的民意基礎。

鼓勵資訊公開，回應輿論關切，是要把好事說好，為了以後能好做事，而不是把壞事變好事。

所以，事情做錯了或者做得不好，就應該主動承擔應有的責任。承擔責任，看似簡單認錯，實際上卻是退一步海闊天空。民眾只有接受了機構認錯和改正的態度，他們才願意去聽後面準備怎麼做。

第4節　5W方法

在與媒體溝通時我們可以採取5W方法。事實上，記者在寫稿的時候，就是嚴格按照5W，採用5W法則溝通，可以各個擊破記者想了解的資訊。新聞寫作上的5W分別為：時間、地點、人物、事情，以及為什麼。但是在與媒體溝通時，我們可以把它翻譯成以下這句很拗口的話：誰（Who）在什麼時間（When）要向誰（To Whom）透過什麼樣的管道（Which Channel）表達什麼樣的內容（What）。在與媒體打交道時，把這五點想清楚，就可以策略表達。

▼Who：誰來代表我說話

在使用5W法則與媒體打交道時，首先要明確誰來做溝通，我們的溝通團隊是誰？當記者登門要求採訪，「第一接觸點」的一線工作人員能不能及時匯報，新聞發言人能否及時表態，率先與記者聯繫？當面對媒體和民眾時，熟悉情況的部門和人員能否及時援助，提供專業知識上的幫助？高層能否對這件事情及時定調，進行策略上、態度上的表達？這些都會影響事件的處置，也是考驗團隊協作的重要機會。

在與媒體溝通時，作為機構來說，每個員工都是可能的新聞發言人，但是否有相應的機制能夠將媒體帶到真正的新聞發言人面前，則是一個考驗。我們也關注到，許多新聞焦點，往往都與媒體在第一次登門時遭到拒絕或者抵抗有關。這樣的安排，使機構喪失了與媒體正常溝通的機會。在一起突發事件中，現場維護秩序的保全或者打掃衛生的阿姨，都有可能成為資訊來源。作為個人來說，當你站在聚光燈下，與你有關的每個人也都有可能成為媒體的資訊來源，你又是否能夠提前與朋友、家人溝通好？

最理想的結果，是一線員工在遇到媒體時，友好接待，同時交由更專業的公關人士或者新聞發言人，代表機構正式回應。

誰能夠代表我說話？這個誰，往往是我們所說的新聞發言人，最好的選擇是媒商高的一類人，能夠同時在德行、智商以及情商方面表現出色。

據不完全統計，美國白宮歷屆新聞發言人當中，有 85% 是新聞記者出身或在媒體工作過，而近三十年來，這一比例幾乎是 100%。歐洲一些國家如義大利、西班牙等，其政府部門和地方政府的新聞發言人，基本上都是新聞記者出身，而且可以進入核心決策層。

選擇專業人才、或者接受過專業培訓的人才擔任新聞發言人是必需的。新聞發言人還要相對專業化，同時安排專業新聞發布團隊配合。

而更重要、卻往往容易被人忽略的，就是要給予新聞發言人足夠的權限，盡可能了解全面的資訊。

白宮新聞發言人就是白宮核心成員，其行政級別僅次於內閣成員。他可以列席所有最高級別的會議，除了總統、副總統、國防部長、國務卿，第五個人就是新聞發言人。在這個會議上，他沒有投票權也沒有決策權，但必須全程參與，在最短時間內了解決策全程，並思考如何向民眾傳播。

如果高層召開閉門會議，新聞發言人卻不了解情況，只是被通知的角色，那就意味著，在與媒體面對面的時候，他不會有任何資訊方面的優勢，註定會未戰先敗。

這位「發言人」還需要用溝通對象熟悉的、易接受的方式進行表達。例如，根據受眾定位，關注該市一些重要的人，他們的年齡可能是二十多歲、三十多歲，所以團隊都挑選「八〇後」的年輕人，因為他們來自同一個群體，只有他們說的話目標受眾才會懂。

除了自己人以外，各機構還可以請各領域的專家、網路意見領袖作為新媒體營運的同盟軍。

第一新聞發言人是誰

新聞發言人曾是高風險職業，一個言語不慎，即遭撤職。我們用最嚴苛的條件，要求新聞發言人以及宣傳部門，要求其風度翩翩、侃侃而談，泰山壓頂而不動聲色，數百記者於前而從容回應，要快說，還要說得好。但很多時候，新聞發言人都是巧婦難為無米之炊，說什麼？說到什麼程度？哪些資訊可以說？哪些不可以？這些關鍵問題的決策並不是宣傳部門能夠決定。個別新聞發言人，就在缺少後援的情況下，倉促上陣。勉強過關，算幸運；萬一引起麻煩，就遭撤職。從這個角度來說，宣傳部門是在為機構的資訊公開不力「背鍋」。

面對媒體、接受採訪，人們下意識認為就是宣傳部門的事情。和基層宣傳部門負責人聊天時，大家也很苦惱。宣傳部門成為「滅火部門」，其他部門出了輿情，習慣找宣傳部門滅火。而一旦需要面對媒體，其他部門又全部退後。在一些重大政策發表前，宣傳部門也往往是最後得到通知。在不清楚具體決策過程的情況下，讓宣傳部門面對民眾、接受採訪，其出現意外或失誤的機率明顯很高。

重大新聞發布時，主要負責人要向前衝，做好「第一新聞發言人」，主動發布，與此同時，宣傳部門恪盡職守，維護媒體關係，做好各項準備工作，業務部門及時配合，提供資訊支持，不要再讓宣傳部門「背鍋」。

▼ What：知己知彼

我們準備的要傳播給民眾的內容是什麼？首先要盡可能預測民眾會提出什麼樣的問題、他們想要獲得怎樣的答覆。然後根據這些問題去準備答案。如果當某些問題無法確切回答時，也不急於向民眾聲陳原委。當有了相對適合的答案時，才能面對民眾，公開表達。

而在準備內容時，一定要了解民眾和媒體的質疑，根據這些質疑準備答案，而這些質疑，往往又是機構想迴避的。比如一座大橋崩塌，民眾可能會質疑大橋的品質是否有問題？現場管理是否有漏洞？在這種情況下，一味強調大橋建築技術的先進無疑會顯得尷尬。

最後準備出的內容，一定是整合了我們想說、媒體關注、以及民眾想知道的這三方面資訊。否則就會變成自說自話，失去受眾的關注，也沒有傳播效果。

發布新聞，常常遇到「想說的」與媒體報導的資訊偏離的情況。要增強資訊傳播和到達的有效性，必須做到三方面的結合：媒體感興趣的、民眾關注的以及我們想說的。當媒體感興趣與我們想說的之間產生偏移，且無法調和時，需要以前者為重，在前者框架下策略調整。

如果我們在研判時，面對一條新聞價值極大但卻不想強調的資訊，那麼，擺在我們面前只有兩套方案：

方案 A：尋找並發掘另外一條在新聞價值維度上可以與之抗衡的資訊作為引導線索。

方案 B：如果方案 A 失敗，則應該也只能以原有資訊作為線索引導，而不能迴避或掩蓋。

媒體無法被嚴格控制，因為它不是一架精準運行的機器，而是由無數個發聲筒所構成。即使身在媒體，一篇報導刊出後，產生的輿論效果和影響也往往無法控制。所以，在發布新聞時，媒體邏輯應大於機構的意願，在新聞價值優先的框架下進行策略制定和調整。

在準備好回答方案的同時，也要注意系統內部要統一口徑。常常發生高階負責人可能定了一件事情，但基層的員工對此卻並不清楚的情況。當記者過來採訪，採訪到高階負責人的機會其實可能是十分之一，剩下十分之九，都有可能是記者直接到去問可以接觸到的基層員工，或者同行相關知情人員。然而員工和相關知情人員的表達，未必符合高階負責人對事件的判斷，未必能夠清楚呈現事情的原貌。所以，我們不僅先在內部統一口徑，同時要在同行取得盡可能多的共識，才可能在更大的範圍內消除疑慮。

例如，一名女子在酒店遭遇一名不明男子糾纏。此事件隨後被洗版，社會輿論反應之激烈，也成為該酒店的危機公關事件。該酒店首次發出官方致歉聲明，後又陸續發布致歉聲明，並女子調解。但就在官方道歉後，一名酒店經理在接受記者採訪時卻表示：「我覺得是在炒作。一又沒有死人，二又沒有著火，三又沒有發生強姦案，對吧？警察也出面了對吧？也報案了對吧？才那麼一點事。」官方高層表態與基層反應矛盾，讓人不由得懷疑企業道歉的誠意。

危機事件發生後，內部不管高層還是基層，包括保全與清潔人員，都是團隊的一部分，同樣需要資訊告知，對外做到口徑統一。

▼When：找到最好的時機

好的時機常常可以有事半功倍的效果，而不合時宜的介入卻會前功盡棄。到底何時才是好的時機？至少，好的時機需要具備以下幾個特質：

及時。好時機一定是及時的，不能讓民眾和媒體久等不來，被逼迫出來的資訊，一定不是好資訊。

恰當。也就是說，這時介入，不會引起輿論場中任何一方的強烈反彈。

穩定。一旦介入，就需要持續溝通，與民眾和媒體保持穩定聯繫，而不能像打雷，轟隆一聲之後就消聲匿跡。

▼To Whom：切換你的風格

當我們作公開表達時，需要想到，我們不但是在對媒體和民眾講，而且員工、投資者以及政府等多個利益攸關方都會看到這些資訊。

在公開表達時，需要清楚誰會關注？我們不僅要清楚這些資訊是對誰說，還要策略選擇目標受眾，這就要對受眾進行細分。

同樣一件事情，對財經媒體講和對報紙的記者講，內容可能類似，但話語風格、行文方式卻可能是完全不同的版本。強調重點也會不同。對於不同的受眾要採取不同的策略溝通，要篩選重點，同時要切換風格。

例如，倉庫發生火災，多輛消防車迅速趕到現場救援，消防員和群眾撤離建築，並設隔離線，但由於火勢過大，最終導致多名消防員葬身火場。媒體針對此事發布通報，其中「負責人非常重視」等內容占了一半，報導這些官員在火災發生後，或指揮，或批示，或部署。但強調「非常重視」、「作出指示」等官腔話語，引起諸多爭議，網友紛紛指責官員不關注事件進展，一味打官腔。

這種以官員為主，卻簡化犧牲消防員資訊的行事風格，恰恰是民眾和媒體質疑的焦點。

對於一些龐大的機構或者系統來說，長時間浸染其中，會帶有其賦予的非常獨特的氣質，從個人形象到談吐以及行文方式。如果不清楚溝通對象或者不調整，會給普通民眾以「不親民」或者「傲慢」的錯覺。

面向民眾和媒體的溝通，一定與組織內部溝通有很大的差別，要避免過多使用內部溝通時的公務用語，內容也要結合媒體和民眾的關注重點調整。

▼Which Channel：大聲公和竊竊私語

在處理危機時，資訊傳播管道的選擇至關重要。每一種管道，其受眾影響面、溝通方式都不同。有的資訊，需要在短時間內用大聲公傳播、反覆播放；有的資訊則需要竊竊私語，選擇專業、友好的媒體深度溝通；還有的資訊，則要在自己的地盤上喊話，將資訊在網路上推送給客戶。

「水可載舟，亦可覆舟」，用得好，網路管道可以成為動力，推動政府與民眾之間建立良好的溝通。在突發事件發生第一時間，FB、LINE比傳統媒體更能直接抵達民眾。在尚不具備召開記者會的資訊空窗期，在新媒體平台上不間斷發布，無疑可以彌補這一空白，保持與民眾資訊和心理層面的密切聯繫，維護關鍵時刻機構不缺位的形象。

在全媒體時代，機構必須要有自己的資訊傳播根據地。建立官方FB、LINE的平台，一開始可能需要花費很大的精力和時間。但這些管道非常可靠。在關鍵時候，可以持續不斷對外發聲，同時也是外界獲取機構資訊的正式管道。

官方FB：適合面向民眾發布聲明，可以快速、短小、精悍，或者以圖片形式發布。如果資訊過多，則可將重要資訊放在正文，而補充資訊作為連結置入，要持續不間斷發布。

官方LINE：同樣可以發布正式聲明，但受眾往往是與企業密切相關的客戶或是某地區市民。所以，在聲明外，可以附帶一些服務性資訊，比如客服熱線等。

官方網站：網站資訊的呈現形式更為完整，因此，可以發布階段性總結，比如一天的動態小結等。同時還可以彙總與事件相關的各方表態以及媒體報導，製作成專題呈現。

除了自有管道以外，還有很多外界管道可以借助。

值得信任的少數媒體：如果一樁事件發生之後，很難在短時間用幾句話表達清楚，尤其是涉及大量的術語或者是背景，在這種情況下我們要選擇一些可靠的媒體，以專訪的形式，更全面、更深入，傳遞我們的資訊。

影響範圍大的公共媒體：如果資訊需要盡可能到達，那就應當尋求大型媒體機構的支持。在公共平台上發布的資訊，要盡量簡單，要盡可能照顧廣泛人群的理解程度。

產業媒體：如果在某個領域，有一些專業媒體長期關注，那麼，在闡釋一些複雜問題的時候，可以找到專業媒體發布。這類發布可以深入探討專業問題和複雜問題，包括背景、歷史、政策等可以更充分展示。

我們需要在自己想溝通的對象中找到盟友，要了解民眾想知道什麼，媒體想知道什麼，提前做更多的準備工作。一些網路意見領袖，特別是專業人士，往往可以幫助澄清更多誤解，獲取更多支持。

資訊發布管道不是單一的，而是要將多種管道整合。只有這樣，在危機發生的時候，這些根據地才不會讓你喪失在輿論場上的發言機會。

(1) Rui Fan，Jichang Zhao，Yan Chen，Ke Xu. Anger Is More Influential than Joy：Sentinent Correlation in Weibo，PLoS ONE 9(10)，2014-10-15.

第5章　與媒體溝通的N多種方法

第1節　高聲唱與低聲耳語

和媒體溝通，其實有很多種方式方法，並沒有一定之規。問題的關鍵，在於根據資訊本身的價值與要求，選擇合適的溝通方式。當你有某個重大消息要宣布時，不妨選擇召開記者會，到新聞大廳高聲「唱」出；當你有些想法只想和少數人深入交流時，甚至想看看對方的反應，則可以選擇小範圍吹風會；如果你有一些不得不說出來的心裡話，或是「說來話長」的資訊，那麼不妨作個專訪，找信任的記者。

全媒體時代，一方面，資訊大量聚集，帶來了挑戰；但另一方面，也為我們提供了豐富的傳播工具。一定要學會加以利用，到底是高聲唱還是耳語，決定權在你。

◀電話採訪

事實上，我並不建議大家接受電話採訪。電話採訪，實際上是聲音傳遞內容。其餘，如對話者的神態、姿勢等都無法直接了解。這必然會影響雙方資訊的傳遞，而面對面溝通，

你出事，媒體不扛

面對無所不在的自媒體，你需要一點高「媒商」

往往更為直接。在你說完一句話後，對方哪怕露出一絲疑惑的眼神，我們也可以現場捕捉到，然後補充解釋。

由於空間距離的限制，電話採訪成為最容易操作的方式。電話採訪，適合那種簡單、直接的資訊和態度表達。占用時間也不會太長，雙方可以快速、高效率溝通。為了確保資訊的準確和核驗，在條件允許的情況下，雙方都可以錄音。

有幾種情況，要盡量避免電話溝通。

如果情況過於複雜，需要背景資訊過多，那麼，電話溝通就不太合適。這種複雜溝通需要時間較長，而長時間通話會削減人們的注意力和理解力。同時，複雜溝通過程中，雙方需要就某一些問題反覆追問與回答，而在電話中並沒有那麼容易就能夠打斷別人談話。同時，電話採訪也容易受到外界干擾。

還有一種情況，是在突發事件現場。在秩序尚未恢復或者還處在救援過程中時，被採訪人很難集中精力，介紹情況也較為匆忙，特別是在一些細節上容易出錯。

所以，電話採訪只適合簡單、快速溝通，情況稍微複雜時，最好盡量避免電話溝通。

可以邀請記者到辦公室或者會議室等，面對面交流。

如果電話採訪成為唯一的辦法時，也要為自己留出一些準備時間。「我五分鐘後回撥給您，方便嗎？」這寶貴的準備時間可以讓你釐清思路，同時也可以準備好錄音設備，確保資訊準確傳達。

◀專訪

專訪是一種很理想的溝通方式，採訪雙方都需要為此做大量準備工作。專訪也是最能體現記者採訪功底的一類訪問方式；同樣，專訪也是最能體現被訪者個人魅力、最能塑造形象的有效方式。

我們需要提前了解記者的採訪風格與興趣。一個有趣的寒暄方式會在瞬間拉近你們之間的距離。你會發現，很多善於和媒體打交道的人，在寒暄伊始，總是會設計一些小話題，比如「我關注到你最近的一篇報導」、「你是臺南人，一定很愛吃甜」等。這些生活細節溝通，能夠讓對方感受到你的關注，從而為建立一種良好的溝通關係建立基礎。

在專訪過程中，談論的話題往往廣泛而深入，如果是就某個事件或話題而來，那麼一定要準備充足的細節。如果是人物專訪，那麼也要準備足夠多的故事與感受分享。

專訪是一種立體的展現方式，運用得當，可以在整個事件處置過程中發揮關鍵作用。一家權威、可信媒體的深度專訪，可以在喧囂的輿論場中扔下一顆真相的「炸彈」，在很短時間內、在最廣泛的範圍內傳播資訊。

在解釋一些複雜、綜合的資訊，或者想塑造整體形象時，可以採用專訪的形式。最好能找到一家值得信賴的媒體、一位可靠的媒體人，在放鬆、舒適的環境下進行這次專訪。

◀群訪

有時候，運氣好或壞時，你都會同時接到一群記者同時發來採訪需求。但記者的人數不足以召開一場正式而隆重的記者會，或是記者採訪需求較為雷同而我們的時間又不足以挨家接受專訪的情況下，我們往往可以從中選擇一部分媒體集中訪問。

這種群訪形式，意味著到場媒體和記者的多樣化，需要盡可能顧及絕大多數人的資訊需求。這時候，提前了解記者的興趣點就變得很重要。我們可以請記者提供採訪大綱，整合記者的採訪需求，選擇三個重點話題闡述。

在接受群訪時，最容易出現的畫面就是多家媒體同時發聲。為了避免這種情況出現，需要提前做好工作。即使是群訪，也是在多家媒體中有一兩家作為主要代表發問。當然這需要提前和其他媒體溝通，並且能夠確保媒體代表問出其他媒體想了解的問題。如果自己想了解的資訊遲遲沒有在採訪場合中出現，記者一定會想辦法問出來。你選擇的重點媒體，需要提前重點溝通，確保問題能夠圍繞一定主體和主線進行。如果可以，還可以許諾給這家媒體以單獨專訪十分鐘的機會。這樣既避免了可能的深入專訪所帶來的壓力，也能夠與媒體攜手將資訊更廣泛而多元傳播。

如果同時有多個問題同時出現，那麼需要公關部門負責人出面和記者協商回答順序，或者直接由被訪者決定。而這時，被訪者對問題的權衡和主動性就得到充分體現。他完全可以就自己願意回答的問題，詳細解讀，而對那些有些難回答的問題，則會簡單帶過。

群訪，介於正式記者會和專訪之間，具有一定的形式感，但又是一種可以控制在有限範圍內較深度交流的方式。

因此，當你有一些重要的進展要公布，或是擁有某項值得慶祝的重大成就時，群訪會是一種很棒的交流方式。比如，你的公司成立二十週年，那麼在慶典前，我們可以策劃這樣一次群訪。在群訪場合上出現的媒體類型足夠豐富，同時由於不同媒體興趣點不同，又能夠覆蓋足夠多的角度，而且多人互動的情況下，也容易塑造較為友好、輕鬆的氣氛。

◀多人採訪

多人採訪，意味著同時有多位嘉賓與你同台，接受媒體採訪。這樣除了圍繞媒體關注點和可能的提問以外，我們還需要考慮同台嘉賓的配合。

如果將來你有機會接到這種邀請，一定要提前了解同場上台的嘉賓是誰，以及他所持的觀點如何。

如果觀點與我們較為類似，但又可以從不同角度切入，那麼可以想像，你們可以配合就某一個話題深入探討。

但如果觀點與我們相反，或是有較大差距，那麼就需要慎重決定是否要接受這次的採訪邀請。嘉賓觀點的衝突，對於媒體和受眾來說，更容易產生戲劇效果，同時也更容易傳播。

當你決定接受這樣的多人採訪邀請時，那麼在現場也需要做好準備工作。除了一般意義上的準備以外，你需要特別注意和同台嘉賓之間的互動。

君子和而不同，可能是最理想的一種狀態。在與主持人或記者的互動中，多方都可以表達自己的觀點，而又能保持在友好、克制的溝通環境中。

你可以在表達觀點時，回應另一位嘉賓剛剛提到的內容。在別人發言時，我們也需要認真傾聽，也要注意眼神交流。

當然，多人訪談會造成給每個人的表達空間受到限制。如果遇到非常愛說的嘉賓，那麼對同台的其他人來說會有很大的壓力，大家都會搶著發言。這種情況下，一定要更加珍惜自己的發言時間，將最重要、最想表達的資訊快速、有效說出來。

◀新聞吹風會

新聞吹風會，有的地方叫懇談會。這些有特色的名字，實際上是人們對於某種特定類型的記者會的稱呼。

不同於多人採訪，新聞吹風會在形式上更像記者會，更為正式；不同於一般意義上的記者會，新聞吹風會一般只定向邀請有限範圍內的記者，話題也較為集中。

新聞吹風會的作用和功能也更為多元，不一定只是發布資訊，更有交流和收集反饋的作用。如果某地計劃發表一項惠及全市的公共政策，但同時社會上又有可能的質疑，在計劃發表之前，就可以採用新聞吹風會的形式，與重點媒體溝通，收集媒體關注點。而新聞吹風會上發布的內容，有時候還可以和媒體約定發布時間，這與面向社會公開的記者會就有很大不同了。

如果公司某位高層要公開亮相，召開個人的記者會，也可以選擇吹風會的形式，前期蒐集媒體感興趣的話題以及可能出現的負面意見。

新聞吹風會一般不會在發布大廳這樣的正式場合，而往往選擇機構內部的會議室。雖然與一般的記者會不太一樣，但是在資訊的蒐集、整理以及發布方面，依然要做好各種準備工作。即使是新聞吹風會，各種資訊曝光的機率等同於記者會。

第2節　記者會：台上十分鐘　台下十分功

事實上，並不是所有的輿論事件，都要以一場或幾場記者會作為壓軸大戲。我們前面說過，與媒體溝通、與記者溝通可以有很多種方式，記者會只是其中一種。

但過去幾年中，由於人們的一些誤解，所以在某些領域造成了「必須召開記者會」、「盡快召開記者會」、「動不動就召開記者會」的亂象。

與其他新聞發布形式一樣，記者會也要在適當的時機、合適的地點，選擇恰當的人物發布。如果沒有準備好，卻為了開記者會而開記者會，那最後結果反而是迎來一場災難。

記者會看似只是幾十分鐘，但實際上需要大量的幕後準備工作，正所謂「台上十分鐘，台下十分功」。

◀說什麼

在選擇新聞發布的主題時要切合三個「點」，即「我們要說的、媒體關注的、民眾關心的」。新聞發布主題要有新聞性。需要精心包裝在記者會上公布的核心資訊，以增強傳播效果。確定記者會「說什麼」，也就是要確定發布的新聞主題。除了突發公共事件本身就構成了新聞主題之外，其他各種記者會都需要確定一個到多個新聞主題。

◀誰來說

新聞發布人通常情況下是本部門的新聞發言人，或是最了解新聞事實的決策參與者。原則上，發布台上人數要少，最多不要超過四人。人太多的情況下，在記者答問環節容易出現搶答或無人回答的情況。

新聞發布人要有權威性。權威性同發言人與所發布新聞事實的參與度相關，參與度越高，權威性越強。對於某些專業性較強的主題，由部門主管發布顯然更具權威性，而且更專業，更加熟悉台前幕後的情況，能夠輕鬆自如應付意想不到的問題。公司的法律、財務以及人力資源等方面的專業部門負責人，在其專業領域內會是很合適的補充發布人。

新聞發布台上一人為主，其他人作補充回答。避免安排一些沒有發布任務的長官陪座，因為往往有些焦點問題總是對準其中某一個人，造成其他人陪座的局面。

◀選擇發布時機

突發公共事件或是重大突發新聞的發布要講求時效性，越快越主動越好。召開記者會的時間，一般要選擇在突發事件發生後十二小時內。但這並不意味著要倉促上陣。事實上，記者會這種發布形式，需要與其他發布方式相配合。在正式召開記者會之前，一定要在官方網站、官方 FB 及時更新資訊，保證輿論場不會出現完全空白的情況。

記者會舉行之前，要確定發布的資訊是媒體關注的、是民眾關心的。如果忽略受眾和媒體的關注，那麼往往會陷入自說自話的境地，在記者會現場，也會受到額外的壓力。

相關部門要根據蒐集到的突發事件資訊和民眾輿論動向，分析新聞發布的緊迫性和最佳時機，既要考慮盡快讓民眾知道真相，又要考慮為蒐集處理突發事件的有關資訊贏得寶貴時間，還要考慮媒體的發稿時限。在確定一場記者會的召開時間時，還要適當照顧各類媒體的發稿時限。如報紙的截稿時間、電視主打新聞節目的截稿時間，是否要配合電視直播連線互動等。如果預留的時間太短，記者可能只能提供簡訊式稿件，很難寫出高品質的稿件。

在選擇新聞發布時機時，要注意避免其他重大新聞蓋掉所要發布的新聞，以免造成新聞「撞車」的情況；要盡量避開可以預見的「大」新聞，尋找合適發布時機。

◀地點很重要

常規記者會一般都在專用大廳舉行，布置相對固定，設備齊全，運作方便，在準備階段可以節省很多精力。某些時候，如條件不具備，可以臨時使用會議室。會議室大小要符合預計出席記者會記者的人數。要事先考慮新聞發布基本設備的需求，及交通等問題。

還有一種情況是現場發布。突發事件的新聞發布一般在現場進行。現場發布極具臨場感，有極強的吸引力和感染力。突發事件發生時，記者往往蜂擁而至，所以要盡可能為記者採訪和快速發稿提供便利。在這種情況下，如果在現場召開記者會，可以迅速召集記者，但對於現場發布秩序把控就有更為嚴格的要求。如果可以，還是選擇離事發地現場有一段距離、設備較為完善的場所。如果一定要在事發現場附近召開記者會，那麼需要快速、高效率發布新聞，控制時長。

↓**會場布置**。發布現場的記者區又劃分為文字記者區、攝影記者區、網路記者區等。

為攝影記者準備適合的機位，不能影響其他記者的視線。發言台上如果有主持人和數名新聞發言人，主持人位於發言台右側。而主要新聞發布人往往坐在發布台中間位置。一般來說，除了臨時記者會或突發事件的現場記者會，政府記者會召開的會場是固定的，需要確認的內容有背景板、發布台、燈光、記者座位、簽到處、資料發放台等。

↓現場設備測試。確認音響系統工作正常，現場音響分布均勻舒適；發布台、翻譯員席和提問麥克風工作正常，移動麥克風在各個位置使用均沒有嘯叫聲。如果控制不當，會干擾會場交流。通常記者會現場應提供小型監聽音響，供文字或廣播記者錄音使用，會前要確保監聽音響音量適中。要測試好燈光的亮度、空調冷熱要適度，確保發布廳通風良好，逃生路線通暢。

麥克風是個很小、但非常關鍵的設備。在一些未經充分準備的記者會上，我們會看到麥克風傳遞已經變成擊鼓傳花了。做一次主動的新聞發布，要時刻牢記「這是我的場地」，不管場下記者有多少人、有多少問題，話語權一定要控制在自己手裡。所以，一定要安排專人負責傳遞現場麥克風。

◀多樣的表達形式

在表達時，要使用有「數字」和有「內容」的語言。前者，是指發布要有口徑、有底線、要準確，且簡潔生動；後者，是指發布要有新聞性、資訊量大，避免呆板單調的空話場面話。根據媒體的特點，可以運用多種「說」的手段，例如運用圖片、圖表、影片，盡可能傳播要「說」的內容。圖片、圖表、影片的應用，能讓資訊發布更直觀有效，多數媒體也非常願意接受和引用所提供的資料。

隨著事件的發展和調查的深入，事實「碎片」不斷積累，讓整個事件越來越清晰，在這個過程中要持續發布資訊，報告事件的最新發展狀態和調查到的最新事實。在初期情況還不完全了解、事實還未全部掌握的情況下，可以將已掌握的情況發布，並說明政府相關部門正在努力。所以，當事實的「碎片」不斷補充後，要持續發布事實資訊，讓媒體和民眾持續看到政府部門負責任的行動。

◀知識框：新聞稿——一件新聞半成品

新聞稿只能是一件新聞半成品，應當是將我們想傳遞的資訊按照新聞規律調整後的產品。一篇準確、生動的新聞稿，就像一名優秀的資訊使者，即使記者見到也會喜歡，因為這將大大減少他們的工作量。死板、場面話連篇的新聞稿，則會讓記者困擾，因為這意味著需要做大量工作，發掘其中閃亮的新聞點。對於一部分記者來說，從大量資訊中搜尋到精彩的新聞，這是一種無比的樂趣和挑戰。但對於新聞稿的發布方來說，你顯然不想讓記者如此「自由」。

定一個好標題。新聞標題要簡潔明了，明確表達正文中的重要意義，最好富有新意，可吸引讀者閱讀本篇新聞，激發好奇心。新聞標題不要太長，最好有一些有趣的詞彙，或者鮮活的動詞來修飾。

倒金字塔結構的新聞稿內文。人們的耐心總是有限。所以，一定要將最重要的資訊放在開篇。哪怕時間再緊張，人們也可以在短時間內透過幾句話，了解整篇稿件的核心內容。

行文簡潔。新聞稿的主要目的是清楚告知讀者所要闡述的事件，應避免咬文嚼字、鋪陳冗長、贅字過多等情形，力求簡潔明了、語句通順。一篇新聞稿件，盡量控制在一千五百字以內。當然除了主新聞稿以外，你還可以同步提供更多的輔助閱讀素材，供記者參考。

陳述事實。真實性、客觀性是新聞的兩大基本原則，所以新聞稿嚴禁杜撰、原文抄襲。在新聞稿全文中盡量不要帶個人情緒和具有主觀傾向的字眼。

文字標點正確。發稿前應再三檢查錯別字，確保標點符號使用正確，地名、人名、時間、外文拼寫等都準確無誤。可以從遣詞造句以至於標點符號的使用上，衡量記者的專業。

內容富有知識性與公信力。可引用政府統計數據、權威研究報告、參考年鑒，而且引用豐富，同時也要平衡，可以適當增加不同人士的說法與意見。

第3節　快速卻失敗的記者會

為了開記者會而開，在缺乏充分準備的情況下面向民眾發布新聞，無疑會置自身於重壓之下。

◀快，不是萬能

一次記者會，涉及5個W：誰（Who），時間（When），地點（Where），內容（What）以及管道（Which Channel）。5W相輔相成，需要統籌組織、協調配合，才能最終達到新聞發布實效。如果只追求發布快，但內容準備不充足，為了開記者會而開記者會，也會引發質疑。如果發布快、內容充足，但人員級別不夠，也會抵消發布信用，降低傳播效力。

◀事故主體不明該怎麼辦

在責任主體不明的情況下發布新聞，容易出現主要高層不出席、內容準備不充分、態度表達不誠懇等情況，其發生輿論間接災害的可能性更大，因此必須予以專門研究。

在責任主體不明確，且又要求盡快發布的情況下，應具備以下三點要素，才可以召開記者會。

要素一：頂格發布。在責任不清、事實不明的情況下，態度表達就成為重中之重。如果人員級別不足，態度表達也將失守，新聞發布將防不勝防。頂格發布，要由事件相關的高階負責人或者更高一階主管部門承擔。

要素二：核心口徑。在重大突發事件發生早期，民眾關注度非常高，對於資訊需求量大，且形成關注焦點。因此，在民眾最關注的問題上，一定要有核心口徑。即使無法提供答案，也要有妥善措辭。如果缺少核心口徑，就變成自說自話，與輿論場之間出現偏差。

要素三：成熟團隊。成熟團隊能在短時間內完成記者會硬體準備工作，協助記者會有序進行，這一點至關重要。

三個要素缺一不可。沒有頂格發布，可信度差，突發事件早期資訊真空，無法用態度填充，引導無力；沒有核心口徑，無法滿足民眾需求，激發民眾進一步質疑；沒有成熟團隊，場面雜亂，秩序混亂，容易出現突發情況和間接輿情。

沒有頂格發布，不建議面對民眾，可以充分透過新媒體平台廣泛發布資訊；沒有核心口徑，應及時尋求上級主管部門、社會第三方權威協助，以監督或專家的方式，側面提供資訊；沒有成熟團隊，盡快尋求專業協助，控制發布時間，縮小媒體邀請範圍，但進行同步直播等。

在三要素都具備的情況下，在重大突發事件處置早期，依然要控制新聞發布節奏，借助全媒體平台，快速、滾動發布資訊，彌合資訊真空，控制謠言傳播。

第6章 危機事件發生後的第一時間

危機事件發生後，快速、積極以及誠實應對是最基本的原則。對於機構來說，危機之後出現風險的情況下，亟須與民眾建立溝通管道。

美國國家科學院（The National Academy Sciences）對風險溝通作過如下定義：風險溝通是個體、群體以及機構之間交換資訊和看法的相互作用過程。「交換資訊」與「相互作用」都是風險溝通的重點，從溝通層面，要處理和傳播資訊，同時做好收集工作，而溝通進展則與民眾之間的互動過程有關。

而在以下這個著名的「風險溝通」公式中，我們看到對於風險的評估，除了事件本身的危害評估外，民眾對於這件事情的認知也非常重要。假如在一台站滿人的電梯上，電梯突然停止了。如果所有人原地不動，電梯一下子會恢復正常，或者大家有序走上台階，這樣都不會出問題。結果人群中有人說了句：「電梯壞了，會把人捲進去。」所有人都慌了，開始瘋狂擁擠，造成一起嚴重的踩踏事件。在事件發生時，民眾往往缺乏足夠的知識與資訊，

合理、正確的判斷，認知容易出現偏差，所以風險溝通要不斷釋放資訊，彌合知識溝，引導民眾正確認知。

處理危機的第一要素就是透明度和速度。過去人們常說，危機發生兩個小時內的表現，可以基本預言了危機管理的成功或失敗，成功者往往能化險為夷，為下一步補救工作贏得民眾同情和支持，有時甚至是一個極好的改善公關和提高品牌形象的機會，所謂「塞翁失馬，焉知非福」；失敗者則往往是火上澆油，造成不可收拾的局面。當然，在網路時代，兩小時也成了奢侈品，成功的危機管理需要的是建立「瞬間信任」（Moment of Trust）。

民眾常常說「第一時間」。然而，第一時間是多久？第一時間內，應該做什麼？我們透過幾個案例來進一步探討。

第 1 節　陳述已知事實

二〇一四年三月八日凌晨兩點四十分起飛，由吉隆坡飛往北京的馬來西亞航空公司航班 MH370 遲遲沒有抵達目的地。正常情況下該飛機應於三月八日六點三十分抵達北京。MH370 航班於馬來西亞當地時間三月八日凌晨兩點四十分，與管制部門失去聯繫，並失去雷達訊號。該狀況發生後，馬航沒有馬上對外公布飛機失聯事實。

你出事，媒體不扛
面對無所不在的自媒體，你需要一點高「媒商」

馬航在航班失聯四小時後才發出第一份聲明，確認 MH370 航班失聯，召開記者會向民眾公布事情的進展。

這一遲緩聲明引起了民眾的一致質疑，按照國際民航組織規定，航班一旦失去聯繫超過三十秒，航空公司應該啟動預案，而馬航在這一點上不僅聲明發布延宕，而且錯過了最佳的黃金搜救時間。隨後召開的記者會上，在向乘客家屬說明情況時，馬航也沒有透露更多關於航班失聯的具體情況。他們僅僅花了五分鐘向民眾發布消息並作了簡短說明，這樣不僅沒有及時安撫失聯家屬的情緒，而且在與他們溝通時還帶有強烈的官僚作風，激化了人們的焦急和悲憤情緒。隨後，有家屬提供了機上乘客手機可以打通的資訊，並對此提出質疑，質問如果航班真的發生意外，為什麼手機可以打通，也被馬來西亞政府和馬航予以直接否定。

馬航 MH370 失聯後，官方遲遲沒有公布乘客的具體資訊，直到失聯後第三天才對外公布飛機上一共有兩百三十九位乘客，來自中國、美國、馬來西亞等十四個國家。由於資訊處於封鎖和不對稱的狀態下，關於馬航失聯內幕的流言不斷流出，其中陰謀論和劫持論的傳播最為廣泛。相關媒體和個人紛紛猜測馬航失聯事件，並利用各種蛛絲馬跡的細節相互拼湊，試圖勾勒出事件發生的原因和經過。

這種資訊混亂的情況，對馬航本身以及航班救援工作都不利。

三月十一日，一名叫做瓊迪的澳大利亞女子爆料，該機副駕駛曾在飛行過程中邀請她

第 6 章　危機事件發生後的第一時間

第 1 節　陳述已知事實

及其朋友兩人進入駕駛室玩樂，這一舉報成為整個馬航危機公關事件的轉折點。在此之前，馬航一直以「受害者」形象出現在民眾面前，對外界的一切指控都採取委屈加悲痛的姿態回應，認為馬航之外的人、團體或者其他因素（如氣流等）才是需要對這次危機負責的對象；但在這一舉報公開後，民眾對馬航的態度由同情與悲痛，轉向指責與質問，馬航在強大的輿論壓力面前開始轉變態度，主動披露此前馬軍方和政府一直刻意隱瞞的相關資訊（如飛機折返、最後的失聯、飛行時長等），而且第一次將危機根源指向馬航內部，宣布將危機管理轉交政府，並對兩機師進行司法調查。

六月，救援和尋找飛機下落的工作始終沒有實質性的進展，飛機依然下落不明，馬航失聯事件的輿論氛圍進一步惡化。

六月八日，馬航 MH370 客機部分失蹤乘客的家屬由於對當局失去信心，準備出巨資鼓勵「線人」站出來提供有效線索，以便破解飛機失蹤之謎，家屬的這一行動從側面說明了馬航已經失去了民眾的信任。

二〇一五年一月二十九日，數月搜尋未果的情況下，馬來西亞民航局宣布，馬航 370 航班失事，並推定機上所有兩百三十九名乘客和機組人員已遇難。二〇一五年一月三十日，馬來西亞交通部長廖中萊表示，馬政府將監督並確保馬航向 MH370 客機乘客和機組人員的家屬賠償，此時距事件發生已經過去了十個月。

陳述已知事實是危機事件處理的必經環節，但是很多時候，事件主體或是因為有難言之隱或是想要逃避責任，將部分已知事實隱瞞。當事實的主要部分被隱瞞後，在資訊不暢通的情況下，民眾的不確定感就會增加。高度的不確定資訊是滋生謠言和消極情緒的土壤。如果危機事件是重大災害時，資訊的封閉很容易造成謠言傳播。封閉的資訊環境也是滋生群體極化的土壤。因此，坦誠、真實，公開陳述已知事實非常重要，同時應盡快建立溝通管道，打破封閉的資訊環境。

在全媒體時代，「第一時間」只會越來越短，馬航失聯事件中的資訊傳播，輿論的發酵就是在這種混亂封閉的特殊媒介環境下進行。

在社會化媒體環境下，無論是馬航、CNN 等媒體，還是遇難者家屬、普通的網友，都有機會參與到事件和相關資訊的傳播過程中，並且幾乎扮演著同樣重要的角色，彼此之間互相影響。

在這時，積極的做法應是，在資訊真實公開的前提下，加強與民眾的溝通，監控反饋資訊的流向，並對負面輿論作出回應、解釋和澄清。但是馬航事件中，缺乏來自官方管道對資訊的處理過程，正面消息缺失，對於馬航的聲譽管理而言，就意味著相當的破壞力和殺傷力。總之，在新媒體環境下進行危機處置，企業要迅速反應，搶先發聲，注重溝通，加強反饋，引導議題，以情暖人，做到與利益相關者的雙向溝通，引導網路資訊的流向。

第2節　表達誠懇態度

真誠溝通是處理危機事件的一條重要原則，缺乏真誠的溝通不僅不利於事件的解決，反而會激化民眾的對抗情緒。用誠懇的態度影響他人，影響他人的情緒，博得他人理解，在危機處理中往往能有事半功倍的效果。

在事件發生面對民眾時，一定要態度誠懇，並且不要出現為自己開脫之類的話語。很多時候，一則負面消息可能是對過往積累的負面情緒的催化劑，使事件的負面影響更加強烈。所以名人在遇到負面消息時，一定要處理好每一個小問題，避免負面情緒的過度積累被觸發，引起更加強烈的負面輿論。

態度本身，往往隱藏於字裡行間，即使有「道歉」字樣，如果其他的資訊不能與之相匹配，同樣會讓人感覺不夠誠懇。

幾年前曾有一件慘案，一位年輕母親殺死四個孩子後，服毒自殺，不治身亡，幾天後該女子丈夫也服毒身亡。經媒體報導後，該新聞引發全國關注。

然而，面對這一人間慘劇，政府對此事的通報卻依然缺少誠意。公布了案情初步調查情況、披露了案情細節，表示五人相繼死亡後，稱已妥善安葬了死者。對死者丈夫本人，當地政府官員特地上門安撫慰問和心理疏導，稱男子在慰問和安撫下「情緒穩定」，幾天後卻服毒自殺。

「情緒穩定」、「非常重視」、「妥善安排」、「深刻認識」……這些都是人們記憶深刻的「官話」。而在這樣一套看似措辭謹慎的口徑中，人們卻難以察覺相關部門在此事中的真實態度。在類似這樣的慘案中，僅僅用「不夠誠懇」已經難以形容，說其為「冷漠」、「無情」更為準確，而冷漠和無情的人和機構，註定不會得到民眾的理解。

第3節　公開措施細節

傳播是為了什麼？獲得同意。要與民眾有效溝通，改變關係，才能獲得同意。在危機發生後，公開措施細節，明確告訴民眾，我已經做了什麼，我還打算做什麼，實際上是一種改變關係的嘗試。這種公布資訊的潛台詞就是在說，我們不是對立的關係，而是合作的關係。

二〇一二年三月，某牌新車上市，由於某牌在A級車市場的銷量和人氣都非同一般，新車上市受到媒體與消費者的廣泛關注；但人們很快發現，新車型在某些規格上降低了，而且上市後陸續有車主反映車輛後懸掉漆生鏽、行駛中有異響等問題，甚至出現了高速單縱臂式懸架斷裂，導致車輛幾乎失控的案例。有車主諮詢廠商後，官方回應卻說這是個別車輛的問題，而經銷商能做的，就是為車主更換單縱臂式懸架。此後，有關後懸掛的投訴越來越多，大規模的車主維護權益的活動也開始頻頻上演。

二〇一四年四月，單縱臂式懸架斷裂事件被媒體曝光，這次曝光之後，車主維護權益的願望更加強烈。

二〇一四年七月，針對持續升溫的單縱臂式懸架問題，某牌官方發表了一段聲明，明確表示單縱臂式懸架斷裂，並非產品問題，而是有人別有用心。該段聲明態度非常強硬，且不承認自己有任何錯誤。這份聲明，使車主憤怒進一步升高，指責聲更加廣泛。

二〇一四年八月，針對單縱臂式懸架斷裂問題，某牌遭到約談，並開展用戶回訪、現場勘查、缺陷技術分析工作，「斷軸」事件再一次浮上檯面。

二〇一四年十月十五日，經過兩個月的調查評估，事件處理結果出爐。

二〇一四年十月十七日，根據法律規定，該牌汽車宣布自二〇一五年二月二日起，召回二〇一一年五月至二〇一四年五月生產的新車，和二〇一二年四月二十四日至二〇一三年七月十七日生產的金龜車。稱本次召回活動將涉及全球其他市場，強調金屬襯板和檢測是「雙保險措施」，並不是對單縱臂式懸架斷裂車型的解決辦法。而所有關於召回車型的後懸架檢測都是免費的，一旦後橋發現間隙值超出標準範圍，便提供免費更換同樣規格的新後懸架。

調查顯示，在被調查的車主中，有 93% 的車主覺得這種方案沒辦法在根本上解決問題，僅有 1% 的車主覺得可以在根本上解決問題，而有 88% 車主覺得更換後懸架類型更加合適。

一場危機事件從發生到結束，是一個不斷變化的過程。事件的解決措施在整個危機事件的生命期中處於重要的地位，民眾不僅關注事件的發生原因，更加關注事件的解決措施，關注這些措施能否真正解決自己的問題。在以上召回汽車的處理中，某牌多次存在推託責任、含糊表達解決措施的現象，但這種方式沒辦法從根本上解決問題，反而很容易讓民眾對真誠提出質疑。這也是很多企業在處理危機事件過程中常出現的問題，在危機事件管理過程中，不能抱有僥倖心理，民眾的眼睛都是雪亮的，任何一絲的搪塞都會被發現。

儘管有時，表態會意味著要在一段時間內付出額外的經濟成本，卻能修復企業長期的形象品牌，修復與消費者之間的信任關係，從而獲取可持續的盈利。在出現問題後，公布措施非常重要，特別是在一些細節和民眾質疑的關鍵問題上，一定要及時予以回應，而無法迴避的問題，不如在一開始就主動表態。

第4節　謹慎拋出結論

與民眾溝通，尤其是在情緒化主導的輿論場中，簡單講道理或者抱屈都是一種幼稚的行為。

在危機事件發生後，要慎講結論。儘管陰謀論可以把水攪渾，但若沒有提供出任何實質證據，指摘就更顯無力。商戰中，拋出陰謀論一定要謹慎，否則根本無助於事件解決，反而讓民眾認為企業間利益糾葛複雜，更不會買帳。

你出事，媒體不扛

面對無所不在的自媒體，你需要一點高「媒商」

下篇 話術

第7章　當記者要求採訪你本人

第1節　記者發問之前你需要搞清楚的事

首先要了解記者的採訪要求是什麼，從而進一步預測問題，制定統一回答口徑。當拿到一個採訪要求，回答以下這些問題將有助於你評估。具體包括：

最近發生了什麼與我方有關的事件？

——媒體為何而來？了解所謂「新聞源頭」是什麼。

輿論與此有關的觀點和傾向是什麼？

——反對我的人多嗎？

記者採訪的主題和角度分別是什麼？

——記者怎麼看這件事。

記者所屬媒體的性質是什麼？商業雜誌還是報紙？

——商業雜誌是嚴肅的，而報紙往往更生活化。

第 7 章　當記者要求採訪你本人

第 1 節　記者發問之前你需要搞清楚的事

採訪者是誰？調查記者還是跑線記者？

——調查記者作品篇幅較長，內容更為豐富；跑線記者熟悉業務，稿件上報快。

採訪者近期寫過哪些作品？

——了解記者對其他事情的基本觀點和興趣。

他們希望在什麼時間、什麼地點採訪？

——主場作戰還是到中立的地點採訪，這會影響你的心態。

記者對採訪要求的時間是多長？

——根據時間來準備相應體量的內容。

新聞的截止日期是什麼時候？

——採訪結束和稿件上報之間的時間窗口有多長？這將影響採訪結束後你對內容的審核與把控程度。如果第二天就上報了，那請你盡量精準作答。

報導刊出的篇幅或播出時間有多長？

——綜合比較下你接受採訪的時長，可以預判到你會在整個採訪中占據的比例，也就是話語權有多大。

這是什麼類型的新聞？事件新聞、人物專訪、特寫還是問答形式的新聞？

——每一種類型新聞對素材的運用都不同，根據類型來準備素材。如果是人物專訪，那麼準備一些個人的小故事和生活細節會更好。

你出事，媒體不扛

面對無所不在的自媒體，你需要一點高「媒商」

在這個新聞事件中是否還有別人也接受了採訪？其他被採訪人的觀點大概是什麼？

——這將影響報導的框架是否是衝突類型，如果反對者陣營更強大，你也要調整自己的策略。

媒體的受眾群體是什麼樣的人？什麼樣的語言會容易為他們所接受？

——看新聞聯播和看直播間的觀眾不同，根據受眾來調整話語風格。

對於廣播或是電視採訪，還需清楚以下問題：

是現場直播還是錄播？

——直播是難度最大的一種採訪形式，不能出錯。如果是錄播，那你還有機會把說錯或者表達不清楚的話更正。

採訪在演播室進行還是透過電話採訪？在辦公室進行，還是其他地方？

——電話採訪容易受到外界干擾，演播室或辦公室面對面採訪則有助於加強溝通。如果只能採取電話採訪的方式，那麼一定要找安靜的房間，封鎖掉所有可能的干擾。千萬不要邊走路邊打電話，效果不佳。

採訪是否不經剪輯直接播出，還是剪輯後播出？

——不經剪輯會保持原汁原味，剪輯則有助於突出重點。

節目在剪輯之前是否可經過本人審查？

——一定要事先與記者說好。

第 7 章　當記者要求採訪你本人

第 1 節　記者發問之前你需要搞清楚的事

節目是否包括觀眾 call in 或是發來的電子郵件？是否安排即時線上觀眾參與到採訪中？節目持續多長時間？

——這意味著除了主持人以外，還可能面臨其他角度的提問與討論。

節目的形態是什麼樣的？是一小組人座談的形式，還是一對一的採訪？或是兩個採訪者和一個嘉賓？抑或是兩個嘉賓辯論的形式？

——多人討論時，要突出重點，提煉亮點，一人陳述則要邏輯清楚。如果是辯論，那要保持風度，理性探討。

如果節目還邀請其他的嘉賓，那麼嘉賓發言的順序是什麼樣的？

——心理學上有初始效應，第一個發言的人讓人印象深刻；還有近因效應，最後一個發言的同樣容易讓人記住。

採訪現場是否有觀眾？這些觀眾都是什麼人？

——如果現場有觀眾，可以考慮適當與觀眾互動。

是否會運用一些影片素材？是否會有電影剪輯和錄影資料插入節目當中？

——提前準備一些視覺化素材，會為你的講述加分。如果節目組有準備，有機會可以提前觀看，以便準備相關的評論和回答。

對於紙質媒體的採訪，還需清楚以下問題：

哪個版面或欄目將會刊登採訪的文章？

——每個版面或欄目都有相對固定的主題與傾向，這個版面的文章是溫和理性的還是思想激進的？提前調查清楚會有幫助。

文章或影片是否會在網路上呈現？

——有時候一個選題過於重大，反而媒體會選擇不在網路上呈現，因為在網路上傳播所帶來的影響和衝擊超乎想像。

記者是否會帶攝影記者拍照？

——如果有攝影記者，那要提前做好準備，從服裝、表情到背景，都可以自己選擇。

照片是在採訪前，還是在採訪中或是採訪後拍攝？

——如果是採訪中進行拍攝，那麼要適當加一些手勢，有助於提升畫面力量。

另外，在接受記者採訪要求之前，有一些原則需要提前約定。不要等到採訪開始了再去說，比如採訪時長，採訪過程中是否可以錄音錄影，以及採訪的具體細節。提出要求，然後去和記者溝通。一般來說，面對面的採訪讓人覺得親切，更容易溝通交流，且能看到對方的體態語言，電話採訪等遠程採訪形式容易受到干擾。

第2節　有趣而精練的內容

接受採訪時，第一個問題很重要，目的是給整場採訪定性。一定要重視第一時間、第一個問題、第一次表述。主流媒體的記者提出第一個問題時，都會給出相對寬鬆的環境。作為被採訪者，一定要抓緊時間利用這個機會，達到你想達到的第一傳播目的，應該在第一時間把你所要達到的目的表述清楚，要非常珍惜利用這第一次交流的時間，這是黃金時間。如果在第一輪當中沒有表述清自己的想法，接下來很可能會變成被動防禦的狀態，傳播效果肯定不好。

在接受採訪之前，至少需要準備三方面內容：相關事實資料、問題預測清單以及關鍵資訊點。同時準備標題句，以用於新聞標題。在採訪時可以準備「驗收單」，採訪結束後檢驗核心資訊是否已經傳遞出去。

一次採訪往往需要準備三個關鍵資訊點。談論的內容多於三點對於觀眾來講都是過度分散，這讓他們無法抓住資訊的重點。對於其中的每一點，蒐集並記錄下支持此觀點的背景資料，如事例、故事和一些軼事等。這些東西能幫助讀者、聽眾和觀眾更容易理解你的觀點。對於與己方觀點相反的意見，同樣要進行蒐集和整理。對反方觀點的論據和案例進行分析，查找可能出現的漏洞，準備好你認為採訪中可能會被問到的問題以及你認為合適的回答。

在採訪前給記者提供一些有助於了解你的材料，如個人資料、事實資料頁、文章、圖片或是相關報導。甚至可以提供與採訪話題相關的背景資料、事實數據等，供記者參考。還可以提供關係良好的、可靠的第三方比如專家的聯繫方式給記者，豐富話題內容，增強可信度。

▼讓人記憶深刻的語句

準備一些讓人眼前一亮、記憶深刻的詞句，可以用於新聞標題，突出亮點，增強傳播效果。可以想出一句很妙的引語，或是「Sound Bite」加以運用，以使你的發言更加生動。「Sound Bite」是指對某個重大事件發表的簡短精練的談話，通常看似現場的臨時發揮，但其實多數情況下都是事先準備好。特別是在電視或是廣播節目中，這些片段會被不斷重複，使用明確、描述性、形象的話語讓人們理解。人們總是容易記住那些影響他們、激勵他們的東西，還有他人的經驗。

記者喜歡的是故事、是細節，是生動的、簡潔的詞彙。所以，在進行標題句列表時，要避免官腔場面話，要換位思考，以媒體的思路審視資訊。記者採納資訊以及為新聞製作標題時，往往以新聞價值為標準判斷。

新聞價值有五個要素：時新性，即最新發生的事情；接近性，本地人比外地人更關注本地新聞；重要性，比如對人們的生活會產生重大影響的政策或舉措；顯著性，「最出色」、「最壞」的事情比平平淡淡的事情要有價值；最後還有趣味性。

所以，應以本機構資訊為基礎，以媒體思維為角度，制定標題句列表，提高傳播精準度和影響力。

Q&A

Q：遇到不友好的媒體，應該怎麼辦？

A：首先要控制情緒，不要激動，不要有過激言語或行為。然後，要尋找數據或事實來做證據，不要和記者過多糾纏，面對面交流不順暢時可以借助書面溝通。

◀哪些必須說出來

在接受採訪之前，需要準備至少三方面內容：相關事實資料蒐集、問題預測清單以及關鍵資訊點。採訪結束後檢驗核心資訊是否傳遞出去。

在羅列要點時，要特別注意以下幾點必須被包含在內：

- ↓我所代表的機構對該事件的重要表態；
- ↓對事件導向有必要而且重大作用的資訊；
- ↓對輿論最集中關注內容的回應；
- ↓那些不說就會引起重大輿論間接災害的內容。

要點要精練而且清晰，集中而且有力。談論內容過多會引起觀眾精力分散，反而讓他們無法抓住資訊重點。對於其中的每一點，蒐集並記錄下支持此觀點的背景資料，如事例、故事和一些軼事等。

回答問題時可以參考 ABC 模板，即 Answer（回答），Bridge（過渡）和 Conclude（總結）。也就是說，在回答問題時，要將話題過渡到關鍵資訊點，最後總結告訴記者這些事實意味著什麼，並以此作為結論。問題回答模板和關鍵資訊點結合起來才能發揮威力，不要讓記者推測你的主要觀點，要抓住每個機會及時過渡到關鍵資訊點。當記者說最後一個問題時，要把你的主要資訊再總結一次。

面對記者的問題，要學會在回答的同時，將事先制定的要點內容進行適當轉換，藉機傳遞出去。我們可以學習重新定義問題，如果記者問了一個宏觀的問題，我們可以將問題縮小到我們熟悉的具體點上次答。

不要照本宣科。如果採訪過程中會涉及過多數據，可以以文字素材的方式提前發給記者。否則如果兩個人聊天的時候，突然間拿出一張紙：一、今天我見到你很高興；二、等一下我們兩個去吃飯；三、吃完飯我們去看電影——這種客套又公式化的表達，則會完全打亂談話場的氣氛和節奏。根據內容，調整語氣和節奏，不要照本宣科。與記者溝通時，可以準備一些簡單的文字素材，最好能用一種口語化、生動、形象的語言表達。

◀能說並不等於會說

很多人能夠口若懸河說上幾個小時，毫不費力；也有人在辯論中與對手唇槍舌劍，話鋒凌厲；還有人諄諄善誘，慢條斯理卻能將對方說服。

但能說，並不等於在媒體面前就會說。言多必失，表達慾望過強的人，容易被記者打斷，或是透露不必要、甚至是不能讓媒體知道的資訊；愛好辯論的人，如果和記者就某個問題爭論，製作出來的節目和稿件都會很好看，但對於自己的形象卻並不一定是好事。

對於大多數人來說，在面對記者提問時要遵循 KISS 法則，你的回答要做到 Keep It Simple and Stupid，做到簡潔、簡要、簡短。

還有個說法叫「三六九」原則。三就是三個關鍵的資訊點，一次內容不要說很多，不要想在一次採訪裡面表達所有內容；六，小學六年級能聽懂的話，要根據媒體特性採取不同的表達方式，不同的媒體的理解角度和程度不同，要用盡可能簡單的話跟民眾溝通；九，九十秒鐘，回答一個問題時間不要太長，回答越長，可以供媒體採訪、質疑或者是剪輯的機會就會越多，要做到簡短。

和媒體溝通時，不要想著面面俱到，要突出重點。發言一定要簡潔，不要讓重要資訊淹沒在冗長的回答中，不要覺得有些事實不言而喻，要關注資訊的不對稱性，不是每個記者、讀者或聽眾都和你知道得一樣多，要解釋清楚而簡潔。

重複往往能加深印象，重要的事情說三遍，我們要學會用不同的方式反覆講述同一個故事，或者使用同一條口徑以加深印象。不斷重複強調的事件會被定義為當前重要事件，往往會受到更多關注，民眾也最有可能記住這些常聽到的資訊。

在採訪中，始終圍繞要傳達的意思，不斷重複三個重點，將所有的回答與之聯繫。人們總是容易記住那些影響他們、激勵他們的東西、他人的經驗、形象的描述。比如說「像一輛貨車一樣大」，就比只是單單「大」這個形容詞更能留下深刻印象。列出證據，如事實、數據、事例、軼事、引用和故事。

永遠不要說「無可奉告」。很多時候，我們的確無法對一些事情發表明確的看法，但還是不要說「無可奉告」。因為這個詞已經太有名了，人們看到「無可奉告」四個字，自然會聯想起過去類似的案例，會先入為主認為你在推託或是默認。有時候，你可以用以下的表達來代替你的評論，「我今天對談論這個問題沒有準備」或是「這個時候談論這個問題對我不太合適」。

不要害怕說「我不知道」。如果對某個問題的答案不清楚，就老實說，事後再找提問的記者給出確認的答案。在與媒體溝通時，不要害怕說「我不知道」，我們可以盡量提供資訊，但不代表對所有資訊都掌握，這時可以坦誠回答「我還不清楚」。但如果記者問的是與你今天發言密切相關的問題，或是按常理你本來應該很清楚的問題，再回答「我不知道」就容易出事了。

第3節　一些形象上的建議

從心理學角度分析，溝通是人與人之間或人與群體之間思想與感情的傳遞和反饋的過程，以求思想和態度達成一致。美國傳播學家艾伯特．麥拉賓（Albert Mehrabian）曾對溝通提出一個公式：溝通時資訊的全部表達＝7%語調＋38%聲音＋55%肢體語言。

全媒體時代，所有媒體都非常注重畫面感，所以一定要注意形象，適宜著裝。最好提前到場，熟悉採訪場地，放鬆心情，採訪開始前要檢查儀容儀表。

接受採訪時，要注意儀態，身體微微前傾，避免各種小動作。採訪過程中，要與提問者保持眼神交流，控制語速，語言要簡明扼要，避免口頭禪。要有禮貌，說錯話時要立即更正。事先與記者溝通播出時長，按照時長準備發言，不要多說。在民眾面前要保持熱情和精力充沛，因為電視總是將人變得平面而乏味。

◀服飾

人的衣著也在傳播資訊與對方溝通。義大利影星蘇菲亞．羅蘭（Sophia Loren）說：「你的衣服往往表明你是哪一類型，它代表你的個性，一個與你會面的人，往往會根據你的衣著來判斷你的為人。」

在服裝色調選擇方面，可以選擇穿著純色和淺色的衣服，但不要純白或純黑的衣服，中間色最為理想。不要穿褐色、格子、花呢、有條紋、過分花俏或顏色刺眼的衣服。細碎格子的衣服也不要穿，在鏡頭裡會有暈染效果，影響畫面。不要穿那些俗氣的、鮮豔而且材質反光的衣服。

不要在衣服上佩戴太多飾物。例如，戴過分炫耀的耳環就會將人們的注意力從你要表達的內容上轉移開，也不要穿比領帶顏色更深的襯衫。

◀眼神

目光接觸，是人際間最能傳神的非言語交往。「眉目傳情」、「暗送秋波」等成語，形象說明了目光在人們情感交流中的重要作用。

適當的眼神接觸和交流，會提升形象，彰顯人的自信與淡定。如果眼神總是四處游離，或者不敢與對話者直視，則會顯得人內心逃避、怯弱、有所隱瞞或者傲慢，從而讓人質疑你所說資訊的真實性與可靠性。但如果一直盯著對方，則又顯得過於強勢，適當轉移一下視線，然後再回來。很多人進了演播室，會發現有很多台攝影機，有些不知所措，不知道眼神往哪裡放。有一個很有效的建議：永遠不要看不是人的東西，誰說話就看誰。進了演播室，不要盯著機器表達，這樣鏡頭中的你會很強的表演感，而要讓自己進入談話場，與主持人或記者認真交流。如果有多位嘉賓在場，別人說話時，不妨微微側頭關注。

◀坐姿

坐姿最好是向前傾斜 15°～30°，這樣保證在認真傾聽的姿態。一般情況下不要向後仰坐，這樣對話者會感覺你官僚氣焰十足、高高在上，是在俯視別人。談話時不要蹺二郎腿，會顯得過於隨意。有的人一緊張就會抖腿，雙腿可以稍稍分開二十公分左右，顯得放鬆，分得過開整體形態會散，如果緊閉又會顯得過於拘謹。

端坐面向前方，自然運用手勢，這樣既不會讓你顯得呆板，也不會讓你顯得不安。手勢幅度不要過大，否則會顯得整個人很誇張，有些浮誇。手勢高度要適當，最好在胸前左右，過低的話不容易被特寫鏡頭捕捉。

▼語調語速

一名義大利悲劇影星應邀參加一場歡迎外賓的宴會。席間，許多客人要求他表演一段悲劇，於是他用義大利語念了一段「台詞」，儘管客人聽不懂他的「台詞」內容，然而他那動情的聲調和表情，淒涼悲愴，不由使大家流下同情的淚水。可一位義大利人卻忍俊不禁，跑出會場大笑不止。原來，這位悲劇影星念的根本不是什麼台詞，而是宴席上的菜單，這個例子用詼諧的方式側面闡述了語調的巨大威力。

一般情況下，柔和的聲調表示坦率和友善，在激動時自然會有顫抖，表示同情時略為低沉。不管說什麼話，陰陽怪氣，就顯得冷嘲熱諷；用鼻音哼聲往往表現傲慢、冷漠、惱怒和鄙視，缺乏誠意，會引起他人不快。語調平淡，會給人感覺說話時無精打采，不能給人信心。如果長時間接受採訪，容易使聽者轉移注意力，故語調最好能有所起伏，在重點詞句處強調語氣。「我們今年的目標是年度銷售額達到三十億元」，在說到「三十億元」的時候，可以放大聲音、放慢語速、提高音調。

語速要適中，偏慢。語速過快，意味著思維快速運轉，但實際上留給自己的思考時間卻縮短了，容易把不該說的話說出來，要將語速適度放慢，從容表達。語速過快往往有幾種情況，一是習慣，這類人往往思維敏捷，但接受採訪與日常表達不同，仍然應慎重；二是緊張，想盡快結束談話，因而選擇把內容快速背誦出來，一旦遇到難以回答的問題，會迅速受阻；三是急於辯解，比如就某個話題有些特別想說的話，或者認為對方有誤解，這時容易快速回答，一旦對方語速也同步提升，兩個人就會陷入「語速比賽」，語速會越來越快，不知情的人容易誤認為兩個人在吵架。

如果在談話中，你想澄清某一個問題或補充一些資訊，可以直接在談話中提及，並不需要等主持人許可才說，但不能表現得過於無禮。不要只用一個字回答問題，不要運用一些對於普通民眾來說不熟悉的商業或科技術語，或是一些縮略語。避免運用太多的數字，這會使觀眾覺得無聊而轉台。當你必須運用數字時，可以使用大概的數量，以便更容易被理解。例如，不要說「四十四萬四千」，可以改為「約為五十萬」，如果對方需要精確的數字，可以用書面的形式。

◀封鎖干擾

熟悉演播室的環境也很重要。演播室裡各種各樣的設備都很專業，但對於沒什麼經驗的人來說，卻是巨大的干擾。有時候，燈光一打，人就會不由自主緊張，從而無法集中注意力。工作人員之間的交流、測試設備，都會成為一種壓力來源。這種情況下，一定要給自己多一點適應的時間，學會封鎖外部干擾，將注意力聚焦在與主持人和嘉賓溝通的談話場上。當主持人與你非常專注對話時，只需要做一件事，就是像在跟一個老朋友聊天，認真探討問題。

◀提前練習

平時可以在家做些小練習，把手機放在對面，假裝在跟記者對話，把這段表達錄下來回放。錄下來的影片會讓你特別吃驚，你會發現很多自己從來沒有注意過的小細節：有的人會不停眨眼，有的人會眼珠亂轉，還有的人一激動手勢會特別豐富。這些小動作、微表情，在大多數情況下都是無意識的動作，但是一旦放到電視螢幕上，這些小動作、微表情反而會成為整體電視語言畫面的一部分，而且會嚴重影響傳播效果。

第4節　第一面情景還原

媒體採訪，如同觸發機制，將刺激整個危機傳播管理活動，因而與媒體接觸的第一次機會非常關鍵。處理不好，將會引起系統誤判，延誤輿情處置最佳時機；或導致民眾誤解，後續努力將大打折扣；正確全面的資訊也不能透過媒體傳達出去，從而損害政府形象。

媒體採訪可分為常規採訪和非常規採訪兩類。以下針對兩類採訪分別提出要求，並指出需要避免和防範的語句和情形。

◀常規採訪

常規採訪情況下，記者會採用電話、傳真、郵件或登門等方式告知，表明身分，並提出採訪要求。

如何接待

↓ **態度層面**：對待媒體來訪、來電要有禮貌、友好、真誠。

↓ **資訊層面**：需要了解媒體機構、記者姓名、聯繫方式、所屬部門，採訪需求，截稿時間，報導篇幅。

↓ **措施層面**：若已有口徑，應在第一時間回覆，未定口徑或新獲知的輿情資訊，要向對方表明會盡快了解情況，並及時回覆。如果本人不能代表機構發言，就要在第一時間告知新聞發言人，由後者後續聯繫。

↓ **反饋層面**：在最短時間內及時回覆。對於當天截稿的傳統媒體，應當天回覆；暫時不能確定口徑，具體反饋時間應與記者協商。

應避免的回覆用語

↓ 這件事我不清楚。

點評：若截稿時間緊迫，記者也可能將「不清楚」寫進報導中，而不再尋求進一步聯繫。

↓
好像有這件事。

點評：這是某種程度的確認。

↓
主管去開會了。

點評：出現在次日報紙上的文字，可能是「記者致電××部門，該部門工作人員表示主管在開會」，暗示該部門採取迴避態度。

↓
無可奉告。

點評：如果在沒有匯報、會商的情況下，就貿然回覆，則會引發記者、民眾的誤解和質疑。

↓
這件事不要報導。

點評：在不熟悉或者一般熟悉的情況下，要求記者不報導某事，往往沒有效果。記者採訪是職業行為，很難簡單終止，一旦要求終止的行為被寫進稿件，反而會引起民眾不必要的猜測。

↓
才死一個人不用報導。

點評：媒體對新聞價值的判斷，傷亡數量只是參考標準之一，而一旦涉及傷亡，媒體就會非常關注。

你出事，媒體不扛

面對無所不在的自媒體，你需要一點高「媒商」

↓這件事這麼久了，怎麼還大驚小怪？

點評：存在不代表合理，長期存在的錯誤，並不意味著沒有新聞價值，只是沒有機會被媒體關注。

應避免出現的事情

↓言而無信。

點評：出現在次日報紙上的文字可能是「截至記者發稿時仍未收到回覆」，仍然暗示採取迴避態度。

↓推諉。

點評：推諉本身就是一種態度，如果拿不到核心資訊，那麼推諉過程本身也可能成為新聞。

↓無授權回覆。

點評：即使對事件前因後果非常清楚，也不能在未經授權的情況下擅自回覆，回覆口徑應由內部協商制定。

↓所答非所問。

點評：明顯的所答非所問，能夠搪塞一時的採訪，但會引起次日民眾熱議，是聽不懂還是故意為之？前者會被質疑水準低，後者會被質疑有隱情。

理解媒體運作規律

過去習以為常的工作方式和習慣，在全媒體時代，被放大和聚焦。絕大多數媒體仍然信奉「資訊至上，內容為王」，但在特定的客觀條件限制下，比如截稿時間緊迫、獲取資訊管道不通暢等，迫使記者不得不關注枝節資訊，以填充版面。因此，應避免不必要的措辭，按照規定流程，及時回應媒體採訪需求。消除迴避、僥倖等錯誤思想和觀念。只要記者認為仍有獲取資訊的希望，就會存在輿論引導的時間和空間。

◀非常規採訪

個別情況下，有媒體傾向於暗訪，或直接到事件另一利益相關方處採訪，不表露身分，進行體驗式採訪寫作。這種情況下，往往涉及負面資訊較多，一旦發現媒體進行非常規採訪，需要特別注意。

接待要求

↓態度層面：有禮有節，不要惡意揣測，不要有牴觸情緒，不要站在對立面。

↓資訊層面：在與對方商議的情況下盡量了解基本資訊，包括媒體機構、記者姓名、聯繫方式、所屬部門，採訪需求，截稿時間，報導篇幅，尤其應注意了解記者的關注點和傾向。

↓措施層面：在第一時間將資訊告知機構新聞發言人，由後者進行後續聯繫。後者應主動邀請記者採訪，並盡快制定口徑，傳達真實、全面的資訊。

↓安全層面：在溝通過程中，向相關媒體機構核實記者身分，可尋找第三方中立者做見證，也可自行錄音錄影，防止輿論間接災害發生。極端情況下，可考慮請求警方支援。

應避免的回覆用語

↓你這樣採訪太不恰當了。

點評：暗訪是媒體常用的採訪方式之一，斷然評價無助於雙方溝通。

↓這是我們的事，輪不到你們採訪。

點評：如果事件關注度高、關係到民眾利益，那麼地域界限會非常模糊，一些外地或者專業媒體也可能來報導。

↓你們上司是誰？

點評：正規記者採訪都是職務行為，採訪活動往往經過媒體機構內部批准，如果對該機關並不熟悉，告知長官也意義不大。

↓你們到底站在哪一邊？

點評：大多數媒體傾向於站在中立立場，但由於資訊和認識所限，立場有所偏差，直接逼媒體選邊站無助於解決問題。應引導媒體關注全面、平衡的資訊。

↓你被利用了。

點評：對媒體而言，新聞價值是最重要的判斷標準。保持中立，避免被利用，是在採訪過程中特別注意的事情。是否被利用，記者有自己的判斷，在陌生的情況下，指出這點意義不大。

應避免出現的事情

↓惡言惡語甚至發生肢體衝突。

點評：溝通不暢演變成肢體衝突，是輿論事件的間接災害。往往事件本身會被忽略，這些惡言惡語或者衝突反而成為輿論關注焦點。

↓趕走記者

點評：趕走記者並不能解決問題，只要事件尚未結束，記者依然會去而復返，而且會更加隱蔽。

理解媒體運作規律

暗訪、匿名採訪等一直是媒體慣用的採訪方式之一。是否要進行暗訪，往往取決於記者身分是否會成為獲取資訊的障礙。有時是採訪受阻，更嚴重會收到禁令，導致稿件被撤。因此，暗訪某種程度上是一種不得已的採訪方式。應建構暢通、高效率的溝通平台，引導記者透過正規管道採訪。

◀知識框：媒體溝通簡明十問

1提問：採訪前應該做哪些準備？

回答：決定接受採訪後，需要和記者確定採訪時間、地點、形式和範圍，最好能讓記者提供採訪提綱，採訪雙方針對提綱可以協商調整，並與記者約定不回答提綱之外的問題，要求在記者發稿前審稿，明確採訪內容是否全文登載，需要刪減部分可以協商調整。

2提問：採訪通知或者新聞稿應該何時發給記者？

回答：採訪通知以及活動詳細資訊，最好在活動舉行前2～3天發給記者。活動當天要準備豐富的文字、圖片資訊，方便記者寫稿。一般來說，日報記者傍晚時間截稿，所以最好在截稿時間之前盡快將稿件送達。

3提問：接受採訪時會碰到哪些難回答的問題？

回答：一些問題冗長而複雜，發言人要學會抓重點；一些問題很大，裡面有很多具體的問題，我們可以選擇願意回答的問題回應；一些問題選擇一些微妙、敏感的領域，發言人要提高警惕，提前做功課；還有一些問題是基於錯誤的資訊，發言人要及時澄清，態度要堅決。

4提問：遇到突發情況時應該怎麼辦？

回答：面對突如其來的新消息，不要立刻表態。應當對記者提供的新線索表示重視，並安排工作人員查證，待有結果時另行回覆。如果記者提供的消息錯誤，應當立刻表態，予以澄清。

5 提問：面對媒體應表現什麼樣的態度？

回答：任何時候都要保持冷靜，清晰回答問題並作說明。表現親和力，對待媒體記者不可重大輕小。聆聽提問和回答時都應眼神堅定，回答問題時要簡短清楚。多使用正面肢體語言。表達樂意幫助媒體提供新聞的協助態度。避免針鋒相對的情景，溫和而堅定表達原則立場。必要時承認錯誤，建立勇於負責的形象。

6 提問：接受完採訪還應做哪些事？

回答：透過全媒體溝通機制監測媒體關注的重點，注意媒體關注是否與發言的主要內容符合，為下次發言改進作參考。對於資訊完整報導、提供正面協助的媒體表達口頭感謝。對於資訊透露不完整或不正確的媒體，主動了解其是否需要進一步提供資訊。

7 提問：新聞稿不足以詳細闡述問題怎麼辦？

回答：可嘗試擬一份常見問答集，根據最新情況提煉新問題、新回答。問答應精簡明確。問題較多時，可以採用分層目錄式的結構來組織問題和解答，但目錄層次不宜太多，建議不超過四層。可將最常被提到的問題放在前面，對於其他問題可按照一定規律排列，例如按字典順序排列。對於一些複雜問題，可以在問題之間設計連結，方便找到相關問題的答案。

8 提問：給媒體的資料應當包括哪些東西？

回答：當天活動的日程及嘉賓名單；新聞稿；隨身碟，至少準備好新聞稿以及圖片的電子版方便記者下載；也可以準備小紀念品。

9 提問：接受媒體採訪最重要的是什麼？

回答：誠實，誠實，誠實！

10 提問：接受媒體採訪，應該避免出現的情況有哪些？

回答：不要和記者私下交談；不要說「無可奉告」；不要與記者爭執；不要過度使用或單純依賴網路；不要提供不確定的資訊；不要試圖阻擋記者拍照。

◀知識框：神祕的通訊錄

經常與媒體打交道，應該建立、不斷完善媒體記者名單，平時就與記者保持溝通。在事件發生前，與記者維持良好的關係具有重要意義。

應該學會收集、更新、保存記者名單，與記者保持接觸，了解他們感興趣的領域、議題、新聞截稿期、採訪偏好……千萬不要等到危機發生之後才「事後諸葛」，匆匆忙忙在短時間內結識記者，難以贏得記者的信任。管理媒體名單不同於偶發事件的記者會，它強調要與媒體建立一種長期、良好的互動關係。

那麼媒體名單又應該如何管理？在這裡提供以下實用的小訣竅：

保存聯絡人的最新名單，以便在突發事件來臨時，能及時發布資訊，而非亂槍打鳥，濫發新聞稿。

編制一份含有以下資訊的聯絡人名單：記者、自媒體人的姓名、所屬機關、報導領域、愛好、手機號碼、傳真號碼、電子郵件、FB 帳號、LINE。

確保名單經常更新，在備註一欄，記錄你們上一次見面的情況。

了解並記錄每一位媒體人的工作方式，包括他希望透過什麼方式接收資訊，用最方便記者的形式發布新聞稿。

注意每一位記者的截稿時間，不要在別人忙碌時打電話。

第8章　場景訓練

當你真正面對媒體，那就如同上了戰場。之前所做的各種策略準備都將在現場驗證，素材彈藥是否充足？接受採訪的時機是否合適？以及策略目標是否選取得當且精準？

在這個環節，我們將設計多場仿真對話，並點評每個場景，提出問題供讀者事後參考。需要特別聲明的是，每個場景中的人物與對話都是仿真教學，與現實中的人物與對話沒有任何直接關聯。

仿真場景一

模擬身分：某企業負責人

模擬話題：新建化工案爆炸引發爭議

模擬對話：

記者：這樣一個危險的案子，為什麼要建在住宅區的附近，以致造成這麼嚴重的人員傷亡？

第 8 章　場景訓練

仿真場景一

企業負責人：我首先說明一下，工廠離住宅區還是有一段距離。（「一段」是個虛詞，在重大事故處理過程中，最好以準確數據代替。類似的用法，還有「我們有一定問題」。）

記者：有多遠？

企業負責人：按照化工產品規定，離住宅區至少應該一公里以上。目前，這個案子建在一個島上，島上居民數量還很少。那麼我們在前期評估和調查的時候，比較近的居民都已搬遷。

記者：那我能理解成，因為這個島上人少，所以你們就把這麼危險的案子放在那裡，因為反對的聲音會少，是嗎？（記者此處邏輯錯搭，需要及時響應予以糾正。）

企業負責人：這倒不是，這個案子並沒有很危險。（這一否定句式，其潛台詞依然是「有危險」。）

記者：但是它爆炸了。

企業負責人：對，任何化工廠都有爆炸的可能，只要存在易燃易爆的物品。（為了解決眼前危機，將問題擴大，卻不知道造成更惡劣的結果。這是一句正確的話，放在這裡卻並不恰當。）

記者：國內有多少危險的化工廠？

企業負責人：蠻多的，各地都有。

記者：數以千計嗎？

企業負責人：數以千計。（不要重複對方說出的負面詞彙，最後的新聞標題很有可能就變為「數以千計的危險化工廠遍布全國」。）

記者：可以道歉嗎？

企業負責人：可以。這裡面就存在監控不到位的問題，那麼我們需要相關部門去查清楚，誰該負責任就負責任。（相關部門、一定問題、相關領域，這些詞彙都無具體指向，卻是習慣用語。在重大突發事件中，一定要用細節、用準確詞彙，避免模糊表述。）

記者：會道歉嗎？

企業負責人：需要道歉的時候肯定會道歉。（該道歉時果斷道歉，否則就會在這個問題上被追逐到底，更顯被動。本來是主動道歉，誠意十足，最後卻變為被逼道歉，內心不服。）

記者：什麼時候？

企業負責人：現在就可以，但是我還沒有查到具體問題，還需要去做一些調查，看看我們到底有什麼問題。

記者：如果我說中間有問題你會道歉嗎？

企業負責人：會，有問題我肯定會向民眾道歉，承認我們的錯誤。

第 8 章　場景訓練

仿真場景一

◀我是主角

很多人怕媒體、怕記者，總是擔心在溝通中不小心說錯話，引來無妄之災。有的人不喜歡媒體，認為媒體帶有偏見，不屑於和媒體聯絡。但不管是哪種情況，如果有一天，當我們不得不面對媒體的時候，仍然需要有主動、積極、正確的心態。媒體負責提問，但並不代表溝通就要以記者的問題來引導。接受記者提問，很重要的心態轉變在於：由回答記者提問，轉變為我要對記者說什麼。

在上面這段仿真對話中，企業負責人基本上被記者所引導。記者問什麼就回答什麼，而且一度陷入快問快答的模式。在這種節奏下，被訪者直接被代入記者的邏輯，並且不斷重複記者的問題作為回答。

不能被記者牽著走，並不意味著與記者的問題背道而馳。有的人過於以自己為主，完全不理會記者的問題和問題背後的關注點，陷入自說自話的境地，這樣也無傳播效果。重點在於，能否找到合適的切入點，滿足兩個人的資訊需求，記者得到答案而我們得到發言機會。

◀遇到快速追問怎麼辦

如果你發現今天來採訪的記者問題非常多，而且習慣性快速追問，那麼一定要控制採訪節奏。

建議在剛開始對話時，就選擇短暫暫停，與對方溝通。

「我非常願意回答你的問題，但我們能不能稍微慢一點？這樣我可以用更全面的資訊充分和你溝通。」

最好在採訪開始前期就介入。採訪一開始，雙方還可以就一些基本的原則磨合；一旦到採訪後期，再想修改規則，無疑難以得到支持。

放慢自己的節奏，在對方快速追問時，自己反而要控制節奏，一旦情緒上來，認為對方不禮貌或者自己急於辯解，就容易將一些不必要的資訊脫口而出。

◀思考問題

公開道歉為什麼這麼難？在你所在的機構中，哪些人或部門會阻止道歉？為什麼？有方法可以解決嗎？

仿真場景二

模擬身分：某企業生產管理部門負責人

模擬話題：子公司倉庫爆炸

模擬對話：

仿真場景二

記者：您對公司處理爆炸事故的方式，特別是生產管理部門的處理，您有什麼樣的評價呢？

負責人：從一開始我們就積極應對。

記者：如果讓您打分，您會打多少分。

負責人：至少九十分以上。（在負面事件處置過程中，避免任何打分、評價。即使認為自己部門表現出色，也應在公司內部表彰，不建議對外公開。尤其是在這類生產管理事故中，又容易涉及人員傷亡等話題，整體採訪基調都應基於人道主義、人文關懷，其他的部分，如工作成績等，應減少，甚至忽略。）

記者：有部門不及格嗎？

負責人：其他部門不好評價。我們部門派駐子公司的員工接到這個事件報告後，在第一時間趕到現場，可能比其他部門都快。（前面回答說「不好評價」，後面卻提供了評價的依據。在重大事故處置面前，各部門單獨接受媒體採訪，也應確認回答符合整體利益，而非部門利益。再次強調，事故中避免自我評價打分等。）

記者：但您所說的駐員，昨天接受我們採訪的時候，很多問題都無法回答，這個現象您注意到了嗎？

負責人：這可能有各種原因。（記者提到的這個情況我們知道嗎？如果從未聽說，那也要直接跟記者溝通：我對您所說的情況不太了解。採訪結束後我會跟進，了解清楚後再和您聯絡。）

記者：您覺得是什麼原因造成的呢？

負責人：他也許很疲勞，可能有一些工作疏忽忘記了，忙於處理這種事故。（在未掌握切實情況時，猜測記者突然提出的問題。無疑為記者提供了更多質疑的「彈藥」。）

記者：公司方面為什麼要派一名已經累到記不清楚的人員處理這件事？

負責人：任何人在幾天幾夜不睡覺的情況下，也有可能腦袋空白。

記者：我們採訪到這位員工時，事故才發生九個小時，沒有您說幾天幾夜不睡覺的情況。

負責人：當天晚上，據我了解他是沒有睡覺。

記者：我們見到他時是當天下午五點。

負責人：就是他接到事故消息時，當天十二點還沒有睡覺，他就趕到現場，等於每個人的身體狀況不一樣，可能對我來說堅持九個小時沒有問題。但我們那位員工年紀大了，連續工作九個小時消耗過大，可能就「斷片」了。（在一個問題上糾纏不清，又沒有充足準備的情況下，如果堅持繼續回答，就很有可能出現無話可說、有話亂說的情況。）

記者：「斷片」一般都是在說喝醉後的情況，您好像又告訴了我們其他事情？

◀要不要救那艘即將沉沒的船

在公共關係實踐中，有一個策略比較常見：切割。整個軀體中，可能某一個零件壞掉了，為了維護整體利益，讓軀體存活，就要採取切割策略，切割壞死的部分。切割，總體來說，是一種取大棄小、捨局部保整體的策略。壞死的局部就如同一艘即將沉沒的輪船，如果貿然施救，可能救援力量也會隨之沉沒。

在上一段對話中，大部分篇幅都用於為一名已經備受質疑的員工辯解。在策略上，屬於「自己挖坑自己跳」的類型。從效果上看，作為機構真正應該傳達的資訊，比如態度、措施等，均沒有有效傳達。

即將沉沒的輪船該不該救？在輿論場中，如果在事件前期發酵過程中，某一人有錯誤言行，且已經成為眾矢之的，那麼一定要評估。這些錯誤言行是否仍能控制在個人範疇？比如記者到某個社區採訪，被物業保全阻攔並搶奪相機。這種情況下，如果為這一工作人員辯駁，則可能讓民眾認為整個機構都是如此。如果阻攔記者並且毆打的是物業經理，事情性質就發生了變化，根本無法完全切割。

有記者到公共服務的辦事窗口暗訪，卻發現工作人員在偷懶。幾次這種事件後，涉事部門都意欲與之切割，維護機構整體形象。為什麼會有這種情況？因為已經犯錯的個人，其錯誤言行與機構有密切關係，而非個人素養等因素可以解釋，涉及制度、公務員精神。

如果一艘船即將沉沒，不要浪費時間和精力辯解，錯了就要及時認錯，這樣才能順利進入下個議題；也不要快速切割，因為本員工作受到質疑，其機構難脫關係。遇到上述對話中的問題，試想一下，回答：「您說的情況很重要，我們內部也正在調查。如果該員工的確業務不精、做事不認真，我們也會及時處理，並安排合適人選接替。」

◀ 遇到不可靠的記者怎麼辦

如果你前期認真準備，最後發現，來訪記者完全不可靠怎麼辦？你想談公司最新的策略調整和年終目標，但對方一直在問修建公司門口的警衛室花了多少錢。

首先說明，指責記者沒有用。我們常說，沒有不好的問題，只有不好的回答。我們的任務是面向民眾傳播，而不是評價記者水準高低。

我們建議，在接受記者採訪時，準備三個關鍵資訊點，不斷重複，並且要學會過渡。當你遇到不可靠的記者，要學會將問題過渡到自己想說的內容。

記者讓你打分，你可以回答：「這是一次突發事故，當前我們最重要的任務是救援，而不是打分。事故發生後一個小時內，我們就採取了一二三四條措施……」

記者讓你猜測事故爆炸原因，你可以回答：「有關事故，我們已經成立了專門的調查小組。調查正在進行，現在我們還不能確認事故爆炸的原因，但我可以確認的是，我們會公正、公開處理此事。」

◀思考問題

面對「一艘即將沉沒的輪船」，哪些情況我們必須施救？

仿真場景三

模擬身分：某政府公共部門負責人

模擬話題：市區某項公共服務漲價

模擬對話：

記者：我現在手裡有一份資料，這個資料是當地的居民交給我們，他說當地居民都對漲價不知情，相關政府部門當時做了什麼呢？（當你做好各種準備，卻在採訪中遭遇突然出現的證據或資料，第一件事情就是要核實這份資料的可信度，而不能不作任何核實就直接回答這樣的問題。這種意外的情況越少越好，也就意味著前期的內部調查工作要盡可能詳盡。）

負責人：我們在漲價之前也做過調查，當然有反對，客觀來說是有反對的聲音。（人們在對話時常常使用「客觀來說」、「實話說」、「摸著良心說」等以示真誠，但在肯定這些資訊的同時，卻相當於對之前的資訊提供了可供質疑的證據。難道前面都不客觀、不是實話、不是良心話嗎？）

記者：反對的人占多少呢？

負責人：反對的人占了30%，支持的人還是占多數，所以這種情況下政府還是尊重大多數人的意願。（大多數人的意願並不是在法律層面上站得住腳的概念。在闡述政策、措施的時候，一定要守住法律底線。）

記者：但是這個差距對我來說並沒有很大，30%的人反對政府，但還是可以繼續漲價？

負責人：因為我們還是要尊重多數人的選擇。（對記者提出的合理質疑無法理解，或是理解但選擇性忽略，都會給人不誠懇的印象。）

記者：我現在手裡有90%的當地居民發布的一個倡議書，他們呼籲停止漲價，對於這樣的呼籲您作何回應？

負責人：我現在還沒有掌握到這一個數字。如果是在這種情況下：有90%的反對，那麼我們還要分析到底是什麼原因促使他們反對。（對於突如其來的證據一定要核實，不要貿然回答。）

記者：但您剛才說要尊重多數的意見。

負責人：但在這之前我們已經進行了調查，數據並不是如您所說。這90%的反對意見從何而來，我們還需要進一步甄別。

記者：為什麼您之前說要尊重 70% 的，我現在告訴您 90% 您就不認同了？

負責人：這就是樣本和總體的關係，因為我們的問卷覆蓋了方圓 1.2 公里範圍的居民，現在你說 90% 反對，我聽到這個數字，我不知道你調查了多少居民。

記者：如果我們做一個假設呢？

負責人：如果假設 90% 的居民反對，那麼我們就還要進一步做群眾工作，做好服務保障工作，如果居民進一步反對，那麼還要再考慮相應的決策。

記者：所以就是不管我這個 90% 的數據是真是假，你們都不會停止漲價。

負責人：這倒不是，但我們還要作相應的決策。

◀ 建構邏輯時要有定點

在這段對話中，被訪者存在「雙重標準」。前半段，作出決策的根據是「尊重大多數人意願」；後半段，當知曉大多數人可能反對時，又選擇進一步調查、進一步工作——標準的不確定性，直接導致前後口徑不一、態度不夠誠懇，直接影響資訊傳播的可信度。

傳播資訊不是單純的告知，而是將資訊本身連同證明資訊，可信、權威的邏輯鏈一同傳播，讓人在了解資訊的同時，能夠認定資訊是可信、權威的。而這裡的邏輯鏈要有定點，而非可以隨時變換。當隨意改動時，看上去是左推右擋、精彩萬分，實際上卻是暗波湧動、凶險無比。

缺少定點，容易造成前後口徑不一，容易讓人覺得你是在說謊。極端的情況下，如果不斷重複問同一問題，你一定會有五花八門的答案。

缺少定點、變換邏輯的一個體現，是容易在對話中脫口而出「說實話」、「摸著良心說」等。我們不建議在面對媒體時有這樣的表達，因為這意味著，你改變自己的邏輯定點，開始用另一個方法來解釋。要不是之前你在說謊，要不就是開始說謊——兩種猜測都不好。

不管如何建構邏輯，法律都應當是定點之一，要守住法律底線。機構中至少要有兩類專業人才：一類是媒體顧問；一類是法律顧問。

◀遇到封閉式問題怎麼辦

我們常常會遇到這類封閉式問題，是還是不是？好還是不好？多還是少？記者只提供了兩條極端的路供我們選擇。在上述對話中，這個問題變為：「如果反對的人有90%，是否會停止漲價？」

面對這個問題，有幾種可能的策略供你選擇，這個問題的特殊性在於有一個假設性的前提。

方案一，針對假設性前提。「我們前期進行了全面詳盡的調查，70%居民贊成這一決定。我相信調查的公正客觀，但我也尊重媒體方面的努力。能否麻煩您將貴台的調查數據

第 8 章　場景訓練

仿真場景三

提供給我們，我會繼續跟進，等到那時我再來回答您的問題。」

方案二，如果對方數據可能是真的。「我們作出這一決策是有法律依據的。根據法律規定，70%以上的常住居民反對，我們將停止漲價。我們現在有兩個不同的數據，但我可以確認的是，我們會按照規定進行，在合法的框架內調整。」

方案三，以不變應萬變。「根據法律規定，70%以上的常住居民反對，我們將停止漲價，如果不足70%，我們會在合法的框架內調整。」

但如果對話不是基於一個假設性的前提，而是直接有關我們個人。比如，問一個環保署的官員，你今天戴口罩了嗎？

模擬記者：節目馬上就要結束了。最後一個問題，您今天戴口罩了嗎？

環保署長：戴口罩的問題……

模擬記者：戴了還是沒戴？

環保署長：戴口罩是一個比較複雜的問題。

模擬記者：戴了還是沒戴？

環保署長：如果需要我還是會戴。如果不需要……

如果封閉式的問題發生在對話中間，我們可以借助這個機會把問題展開。但記者很喜歡在節目快結束時問這樣的問題，這時候，建議快速回答省時間，然後把自己更想說的話再說一遍。此時採用迂迴戰術，反而對己方是一種浪費。

◀思考問題

你有沒有常用的口頭禪？上一次對人說「實話說」是在什麼時候、什麼情境下發生的？

仿真場景四

模擬身分：某企業負責人

模擬話題：離職員工上訪多年未決

模擬對話：

記者：您好，我想了解一下，八年來為什麼這二十多名員工的訴求始終沒有得到解決？

企業負責人：首先我要講一下公司的總體態度，我也希望這作為這次採訪的一個核心精神能夠傳達。（儘管此前，我們強調，在採訪時要有主角精神，要有積極主動的態度，不能夠被記者的問題牽著走。但實際上採訪初期與記者的互動非常重要，主動並不代表可以直接主導。主導要依靠內容，而不是直接下命令。）

記者：不好意思稍微打斷一下，因為剛才我的腦海裡一直浮現核心精神這四個字，核

第8章　場景訓練

仿真場景四

心精神我想可能不是您來定，也不是我來定，可能更多的是由民眾所關注的一些話題來定，現在我們最關注的問題，就是八年來為什麼這個問題沒有得到解決？（一場採訪實際上也是爭奪話語權的戰場，作為記者，一旦認為話語權被剝奪，一定會採取措施反擊。如果持續下去，火藥味就很濃了，實際上對己方並沒有利。）

企業負責人：我所謂核心精神，也許你覺得是一句空話，但是這裡面有含義，等我解釋完其中的含義，你就能明白你要提的問題我都能解答，你先聽我說可以嗎？

記者：不好意思我打斷一下。

企業負責人：我們先來回顧一下歷史，你就會明白事情是怎樣發展到今天這個地步。

（媒體思維與工作思維會有區別。在工作中，我們習慣先回顧歷史、總結現狀然後展望未來；但是從媒體角度，往往聚焦在當下，這一時刻我們該如何解決問題。關於歷史部分，只有在追究責任的時候才會重要。）

記者：稍微暫停錄影，是這樣的，因為我們這是一個電視專題，基本情況我們前面都有素材，記者已經在現場採訪，所以我們能不能略過歷史介紹的部分，重點說明一下公司的措施、到底怎麼做才能把這個問題解決。

企業負責人：我為什麼要回顧歷史，因為歷史決定了我們集團處理這個案件的態度。

記者：歷史最後決定的，是你們八年還沒有解決這個問題。

你出事，媒體不扛

面對無所不在的自媒體，你需要一點高「媒商」

◀ 第一個問題很重要

人們常說要防記者，其實就已經把媒體和記者放在對立面。這種情緒體現在具體的對話中，會嚴重影響整場對話的走向。所以在和媒體溝通前，必須調整心態。如果認為今天來採訪的是「敵人」，是來找碴，那雙方不吵起來才是奇蹟。

本書一再強調，記者是一份職業，需要用職業的眼光、職業的習慣溝通。不需要與記者勾肩搭背、稱兄道弟，一定要成為朋友才是圓滿結局。在採訪現場，記者與我們是平等的個體，是因為資訊採集和傳播的職業需求。

對話之初，前兩個問題非常重要，尤其是第一個問題，可以為整場採訪確定基調。有經驗的記者，第一個問題往往會是開放式的，像是探路。之後的問題設計都會根據被訪者的回答來確定。如果一開始就關係緊張，那麼採訪無疑會陷入失控的狀態。從上面的對話中你會發現，兩人談了四五個回合，只是在爭奪主導權。

與記者溝通，資訊是籌碼，是一種柔性引導。從心理層面上，在採訪現場，不管與多高位階的官員或是多富有的企業家對話，記者與之都平等。所以，直接下命令讓你聽我說，這種方法不可取。

與記者溝通時，也需要了解思維習慣的不同。我們平常在敘述一件事時，往往要先回顧歷史，而記者是聚焦在當下，今天此時此刻我們怎麼做，昨天到今天我們做了什麼？至於十幾、二十年前發生的一件事，導致事件發生，則是後期深度報導追蹤時喜歡的素材。我們平時說一件事喜歡按照時間順序，早上七點、八點……但媒體喜歡把最重要、最有新聞價值的資訊放在最前面，即倒金字塔結構。

所以，在回答第一個問題時，需要調整心態，積極與記者溝通，並且將己方最重要、最想說的話放到第一個問題的答案。如果第一個問題，採訪就已經走樣，和記者溝通不順，那麼到後期，只會一路惡化。如果吵起來，最後拂袖而去，那這本身就可以成為一條新聞了。

▶記者總打斷回答怎麼辦

在上面對話中，我們可以看到記者在短短的時間內三次嘗試打斷被訪者談話，但幾次打斷都出於不同的目的。

第一次打斷是在聲明主權，因為被訪者為採訪確定了主導思想，而這是恰恰是記者要做的事情。所以記者選擇打斷談話，意圖奪回採訪現場的主導權。

第二次打斷是在控制話題，因為發現被訪者的上一段陳述缺少切實的資訊，「是不是官話」記者並不關注。所以記者打斷談話，希望控制話題內容。

第三次打斷更進一步，直接讓攝影停止，是一種更強硬的表態，兼具主權宣示和話題控制兩種功能。用通俗的話說，當記者發現被訪者不按自己的「劇本」走時，實際上也是一種恐慌。與被訪者相同，記者也要預先設計整場採訪，哪些問題必須要問？哪些內容民眾關心？哪些問題可能會帶來驚喜？哪些問題是用來「伏擊」？如果被訪者完全不配合，整場採訪的走向將無從控制。

我們鼓勵被訪者要有「主角」心態，要有「以我為主」的心態，要主動發布，積極溝通，但同時，這種「主動」需要記者的配合，需要用內容柔性引導，才可能實現。

如果遇到記者頻頻打斷談話，那不妨停下來，就這件事與記者溝通，先分析記者做此舉動的原因，再與自己的發布策略結合調整。「我想跟您溝通一下，我注意到您幾次打斷我的回答，我在想為什麼？如果需要，我可以調整回答，但有些內容我堅持要說出來，也希望能得到您的理解。」

◀思考問題

如果一個人總是打斷你的話，你有什麼辦法控制自己的情緒？

仿真場景五

模擬身分：某地方政府安檢部門負責人

模擬話題：某地方工廠爆燃

第 8 章　場景訓練

仿真場景五

模擬對話：

記者：這次的爆燃事故證明你們在安全方面有問題。

負責人：這次爆燃事故有偶然性，也有必然性。（這是一句風險性極高的回答，尤其是後半句。在事故發生後，關於事故原因往往是媒體關注的焦點，一定需要非常嚴謹和準確的口徑準備。）

記者：難道這個爆燃事故是必然的嗎？

負責人：因為這個企業，據我們了解，本身在建設和生產過程中已經出現了一些違規情況，並且受到了相關部門的處罰。在整頓之後，總裁依然長期讓企業處於超負荷生產狀態。（「一些情況」、「相關部門」等依然是模糊描述，對問題輕描淡寫，而且僅僅描述問題，卻並未對處罰措施、整改細節等詳述，資訊可信度受影響。）

記者：這些情況你們是在之前就了解，還是剛剛了解？

負責人：在事後才了解，因為之前也不可能監控企業的生產營運狀態。

記者：你們事先不知情，沒有監控，而且在提出整頓措施的時候，企業及時整頓，事後又出現了爆燃事故，那你怎麼能讓民眾相信這個工廠是安全的？

負責人：因此，我們會進一步加強對這個企業的安全教育。第一是意識教育；第二是全面評估，對安全生產，包括環境保護等情況綜合評估，企業要在符合要求的基礎上，才能恢復生產。（媒體喜歡的語言往往是動詞，因為動詞往往意味著狀態的遷移和改變，是新的變化。媒體還喜歡各種數據、細節，最不喜歡各種空泛的描述。全面、綜合、相關……但怎麼全面、怎麼綜合、如何相關，卻缺乏準確的描述。）

記者：關於這起事故，政府部門會出面道歉嗎？

負責人：關於這一件事情，首先應該是企業忽視安全生產，一味追求經濟效益，導致的突發安全生產事故。在這個過程中政府也做了很多工作，包括善後處理，應急救援以及人員安置。應該說在這個過程中，我們也持續跟民眾，包括跟當地居民，以及媒體進行了良好溝通。關於道歉不道歉的問題，首先我們需要明確責任的問題，目前關於事件責任我們正在調查。如果發現政府或者政府工作人員在這一過程中有瀆職失職行為的話，我們將會嚴肅處理，嚴懲不貸。

記者：現在聽起來感覺像是我們做得很好，都是別人做得不好，最後結論，我不會道歉，是這樣嗎？

負責人：我的理解是這樣。（記者總結這段對話，此處直接默認，並默許「不會道歉」等核心資訊，會引發誤解。）

▶不要抓緊時間自我表彰

害怕媒體的一個直接後果是，工作過程中遇到的委屈、受到的誤解等都在內部積累。某一天因為一起突發事件，媒體蜂擁而至，於是所有的委屈和誤解都想藉機釋放，但往往適得其反。比如出了一起醫療事故，醫生們卻在說日常工作的辛苦；比如警察打了人，隊長卻在說日常受到的抵制和誤解。這種情況下，往往越說越錯，越描越黑。

在上述對話中，我們看到，事故發生有企業責任，但監控部門也難辭其咎，但在回答中卻變成了「自我表彰」大會。

這種情況往往源於日常傳播管道建設的缺失。這些工作中的辛苦、委屈等情緒，並未得到有效的引導和釋放，而一旦突發事件發生，又容易爆發出來。

突發事件的採訪過程中，不要抓緊時間自我表彰。突發事件發生，媒體最關注的首先是人員傷亡，接著就會追問事故發生的原因以及責任。除非天災，如地震、洪水等，突發事件的處置往往都是在「有罪推定」的框架下進行。在此情況下，要準確研判己方在事件中所處的位置，不要擅自自我表彰。

自我表彰往往與事先口徑準備不夠充分有關，沒有深刻記憶，導致在對話中容易臨場發揮。面對記者是否道歉的追問，可能下意識會拒絕道歉，並且認為媒體對己方工作現狀不夠了解，不知道我們工作有多辛苦、多細緻等，所以抓緊時間自我表彰。

所以要杜絕這種情況，首先是在日常溝通管道中，要合理疏導這類情緒，對樹立和維護自身形象，同時在準備具體採訪時，要準備充分的口徑並牢牢誦記，切忌臨場發揮。

◀記者特別愛總結但總結有誤怎麼辦

上述對話中，最後一個問題，記者說：「現在聽起來感覺像是我們做得很好，都是別人做不好，最後結論，我不會道歉，是這樣嗎？」而被訪者回覆：「我的理解是這樣。」而記者的問題實際上是一種總結和確認，是對前述採訪內容的總結，且加入了記者個人的感受。被訪者的「默許」，回答字數很少，但是卻默許了多方面的內容：我們做得很好、別人做得不好、我不會道歉等。這種簡短的回答，如果被惡意截取，會造成嚴重的負面後果。比如《某工廠爆燃　當地政府：我們做得很好》《某工廠爆燃　當地政府：我們不會道歉》，不管哪一條標題都會給當事機構帶來不好的影響。

記者有時候需要適時總結採訪內容、觀點等，一方面對資訊是一種歸納和整理；另一方面也是一種溝通，確認資訊傳遞的準確性，這種情況經常發生。一旦遇到記者總結，一定要非常關注。一是了解記者理解資訊的準確度，確認基準線；二是確認己方觀點傳播是否有疏漏。

如果記者總結得非常不準確，那麼一定要及時糾正。如果記者總結中有一些細節不準確，也可以提出來。一些科學家總是很苦惱記者無法準確理解科學原理，所以還有一種確認方式，是在採訪後再次修正文字稿。

需要指出的是，現場總結並現場確認的記者，是負責任的記者，儘管有時候總結不準確，你也要耐心糾正。如果不負責任的記者，現場不總結就直接寫稿，錯就錯了，你也沒有辦法。

資訊傳播，總會有誤差存在，但可以在一次一次總結中，無限趨近準確。

◀ 思考問題

你有沒有面對媒體記者時，滿腹委屈、無從說起的時候？當時你是怎樣處理？效果如何？

仿真場景六

模擬身分：某公司危險化學品監控部門負責人

模擬話題：危險化學品丟失

模擬對話：

記者：您好！我是快線的記者。我聽說公司基地遺失了一個危險化學品，有這麼一回事嗎？

負責人：我得確認一下您的身分，您看方便嗎？（接到陌生電話時，需要核實對方身分，不要貿然接受採訪。）

你出事，媒體不扛
面對無所不在的自媒體，你需要一點高「媒商」

記者：您先告訴我，因為我們這邊馬上就要播出晚間新聞了。貴公司是遺失了危險化學品嗎？聽說已經遺失兩天了，是這樣嗎？

負責人：這些資訊您是從哪知道的呢？

記者：現在全市都已經傳遍了，說遺失兩天了，還有十個人因為這個化學品住院，我們現在特別想知道這件事情的真相。

負責人：事情是這樣的……（電話採訪容易被隨意打斷，不如面對面採訪溝通更為直接。這只是被訪者一個習慣性的口頭禪，但卻容易引起誤解。）

記者：您就告訴我是不是遺失了化學品，是不是遺失了兩天，是不是有十個人住院？

負責人：您說的情況有部分屬實。第一，的確有一個化學品遺失，但是兩天之內就在相關部門配合下找到了；第二，你說的十個人受傷住院，我現在還不能確認，我只知道曾經接觸過化學品的人受傷了，現在病情沒有很嚴重。

記者：病情沒有很嚴重怎麼解釋？我們請相關專家介紹過，這個化學品人類只要接觸幾個小時就會致死。請問他們現在還安全，還健在嗎？

負責人：這個怎麼講……（又被打斷一句話。）

記者：還健在嗎？聽不到。

負責人：人還健在，您的數據應該不是很準確，化學品只是對人體有一些傷害。

記者：不好意思我打斷您，前方記者告訴我說又遺失了一個化學品。

負責人：您這個資訊不太準確，因為我太忙了，我還沒有得到這個資訊來源。（對於突如其來的新資訊，不宜做任何直接表態。直接否認或承認都不合適。此處，直接判斷記者資訊不太準確，後面又說自己很忙，沒聽過這件事——前後資訊打架，虛化前面的判斷。）

記者：就是遺失了一個化學品，然後您現在還不知道嗎？

負責人：你說又遺失了一個化學品，這個情況我還不清楚。（準確陳述自己的觀點，不用管記者如何總結。）

記者：好，最後一個問題我想問，現在還遺失化學品的話，它會對人們的健康產生多大的影響呢？

負責人：現在是這樣，遺失這個化學品已經兩天了……（臨近尾聲，應快速回應記者問題，並不斷重複已遺失化學品被找回這一重要資訊，否則容易被記者打斷。）

記者：好的，謝謝，再見。我們又有一條爆炸資訊，就是有第二個化學品依然流失在外。

◀電話採訪必須要做的幾件事

這段對話是一段混亂的採訪，電話採訪的弊端盡顯無遺。電話採訪時，你看不到對方，無法獲知對方的表情，也無法準確判斷資訊傳播的情況。什麼事情一見面都好說。有時候

你出事，媒體不扛

面對無所不在的自媒體，你需要一點高「媒商」

一見面，說幾句話，你都能判斷出對方的性格，電話卻只能透過聲音傳播資訊。

儘管如此，有時候因為時空限制，電話採訪的確便捷而且高效率。一旦決定接受電話採訪，那麼要提前做好幾項準備工作。

第一，如果事先約好了，一定要把今天想跟大家說的資訊準備精準。因為對方看不見，所以有很多資訊都可以寫下來放在旁邊。這樣可以根據提出的問題精準回答。

第二，儘管準備了素材，但一定要記住不能念稿，不能讓對方聽出是在背誦文章。不能全都是場面話，一定要選擇有價值、表達精準的話。電話採訪的時間有限。如果在這次採訪中，被訪者就回答，公司總裁第一時間趕到現場，然後副總裁怎麼樣，一說說十幾分鐘還沒有說到具體事，效果肯定不好。

第三，要學會電話錄音。即使記者打電話過來，不管是座機還是手機，都要電話錄音。如果來不及，我們也可以跟對方溝通，在第一時間先掛斷這個電話再打過去，錄音這個環節一定要。記者一般會錄音，方便事後整理成文字；而我們錄音，在出現誤解或誤讀時，原始錄音都是很好的證據。

第四，不能跟著記者走。在上述採訪過程中，記者多次打斷了對話，被訪者事先準備的腹稿完全被打亂了。在電話採訪時，不能跟著記者的問題走，哪怕他提出新的問題，我們也要把自己想說的話，透過跟記者配合說出來。

◀想核實記者身分，對方不配合怎麼辦

經常有人來問，有時候記者來採訪，我問他要記者證，他就是不給。該怎麼辦？

了解是溝通的前提，了解的範圍裡當然包括對方的身分。但在過去幾年的新聞實踐中，個別機構將核實身分變成了迴避採訪的工具。拿到了記者證之後就開始找關係說情，導致記者被撤回。另外，一些媒體記者由於工作時間尚短等原因，可能還未獲得國家頒發的相關證件。

核實身分是需要的，但是不能將核實身分作為採訪門檻，而是為了更好溝通。在電話採訪中，尤其應注重核實身分。但要避免說出「如果你不協助核實身分我就不接受採訪」這樣的表達。如果聲音被惡意剪切，影響也會很不好。

建議禮貌與對方溝通：「麻煩您提供一下就職公司和姓名，這樣便於我向您提供準確的資訊，也便於我們今後保持聯繫。」如果對方仍不配合，那麼您有權拒絕他的採訪，但這個過程需要己方記錄。

在現實生活中，與媒體和記者溝通，有時候卡在了核實身分這個環節，就演變成了負面輿情事件。比如保全搶奪照相機、記者核實身分後被控制等新聞時而有之。一部分機構和個人誤用了這部分權力，使之成為溝通阻礙，就與初衷背道而馳。

仿真場景七

模擬身分：某企業研發部門負責人

模擬話題：新型化工案研發成功

模擬對話：

記者：我們了解到，這個化工案處於一個縣轄市，難道該市居民是實驗品嗎？（實驗品是一個危險的負面詞彙。遇到這類詞彙時盡量避免重複，繞開回答，但意思需要表達清楚。）

負責人：你這個問題問得非常好，也是民眾想要了解的一個問題。（不建議評價記者的問題。評價好，記者不一定高興，可能會認為自己的問題被你猜到了，反而處於劣勢；評價說不好，記者也不會高興。沒有不好的問題，只有不好的回答。記者的問題本身不重要。）

記者：是實驗品嗎？

負責人：首先得告訴你，絕對不是實驗品。這項技術是彙集了全世界、全人類智慧，設計研究出來的產品。目前來說，安全性和先進性，都能達到世界先進水準。（就事論事，盡量避免捧高。如果是作為重大研究成果推出，可以如此表述，但如果有質疑聲音，過度吹捧只會適得其反。）

第 8 章　場景訓練

仿真場景七

記者：但為什麼其他國家沒有研究這項技術？

負責人：問題問得很好，我想說，任何一件事物都是有從開始到發展到終結。比如汽車，最早的汽車肯定長得不好看。

記者：汽車不一樣。

負責人：我想說是一樣的，都是逐漸演變的過程。

記者：你剛才說是全人類的智慧，不好意思，至少我沒有參與到。

負責人：你說你沒有參與，實際上你今天的採訪，我就覺得你就是在幫助我，讓民眾認識我們。（這段話是出於善意，邀請記者共同參與，但如果對方認知不同，反而是自掘陷阱。表態過度，容易給對方留下更多空間。比如有人喜歡反問：「我的回答你還滿意嗎？」這是非常善意的表達，但尺度把握不足，如果對方回答「不滿意」，反而將自己置身於不利之地。）

記者：如果我反對呢？

負責人：每一件事情都有正反兩面，也有反對的聲音，也有支持的聲音，正因為社會有了反對聲音，才能反過來不斷督促技術的進步。要是沒有反對，我們改進的動力就少了。因為有你，有一部分反對者的聲音，所以我要求自己做得更好，所以可以讓你放心知道，我們這個新建設是安全、先進、高效率的。（這是一段非常善意的表達。所有的表述也都恰當正確，但是當所有話都是正確的時候，有時也不一定是有效表達。道理、事實和情感應當同時進行，只有道理就變為說教，只有事實又缺少情感，只有情感又不可靠。）

記者：所以一個老問題又浮現在我們面前，你能夠百分之百保證是安全的嗎？

負責人：我可以跟你百分之百保證它的安全。

正確的廢話≠有效的資訊

你不能否認，總有一類人，可以長篇大論說上好幾個小時，但你卻記不起到底說了什麼。網友總結了許多常用的場面話，比如：「政策正確」、「措施得當」、「有效落實」、「有可能實現這一目標」、「重要會議」、「圓滿落幕」、「提前竣工」、「上級重視」、「進展順利」、「成效顯著」、「階段性成果」、「圓滿完成」、「工作踏實」、「逐步改善」、「情況穩定」等等。

在上述對話中，並沒有這一類的場面話，但依然可以看到「任何一件事物都是從開始到發展到終結」、「都是逐漸演變的過程」等這樣非常正確的描述。

正確的廢話有好處，一些經過百般錘鍊過的詞彙，儘管已經被劃為場面話，但的確準確恰當。在遇到一些難以回答、讓人感到措手不及的問題時，可以採用這些話過渡，留出時間用於思考；但如果過多，則會喪失對方的關注，即使記者沒有在現場打斷，但在後續的稿件撰寫和影片編輯過程中，也會對類似的資訊刪減，減弱了傳播效果。

說了很多，並不等於說了管用。這點在與媒體溝通時，尤其需要注意。沒有人願意聽別人長篇大論講道理，哪怕在學校，但所有人都喜歡聽故事。正確的廢話≠有效的資訊，偶爾引用，可以確保恰當。在與媒體溝通時，盡量避免一些絕對正確、宏觀的大道理，而採用一些細節、微小、具體的切入口溝通。

◀記者讓我用個人名譽擔保怎麼辦

你能否保證這個案子百分之百安全？你能否保證食品百分之百安全？你能否保證這個核電廠百分之百不會爆炸？

有時，你會遇到這樣極端的封閉式追問，簡直是要押上個人名譽擔保。遇到這種情況怎麼辦？怎樣回答都容易陷入另一種困境。

一些科學家會對此類問題嗤之以鼻，因為世界上不可能有百分之百的事情，但就是有那麼一點不確定性，才讓世界、人生、科學充滿了魅力。但這些話，對於居住在核電廠附近的居民、生活在食品安全堪憂城市的民眾來說，問題一直縈繞在心頭無法繞開。溝通不是一門科學，需要情感。

如果回答說「無法百分之百安全」，那民眾肯定反對在這裡建造；但如果回答說，我可以保證，但萬一真的出事了呢？

遇到這類極端、用個人名譽擔保的封閉式提問，一種方式是繞開，比如用一個比喻或類比。「這個案子的安全性，經我們估算，是飛機飛行安全性的二十倍，我相信大家會有自己的判斷。」一種方式是不直接回應，比如，「我可以保證的是，我和我的團隊會盡百分之百的努力，保證這個案子的安全」。

遇到極端提問時，不能慌不擇言，不能臨場發揮，避免脫口而出，要給自己一點時間思考。

仿真場景八

模擬身分：某鐵路公司負責人

模擬話題：某市鐵路施工過程中出現地層下陷

模擬對話：

記者：這次地層下陷與鐵路公司施工有無關係？

負責人：我們是一流的施工企業。（在出現問題時，要快速回應。在對方迫切追責時自我肯定，毫無意義。看似一流施工企業，是在隱晦否定對方的觀點，卻不能說明任何問題，一流並不是不會造成地層下陷的充分原因。）

記者：你能直接告訴我說，跟鐵路公司到底有沒有關係嗎？（當記者指向明確、非問不可的問題得不到期待中的回應，很可能會繼續追問。）

負責人：我想，跟鐵路公司的施工沒有直接關係。（本身是一個否定回答，但是「我想」這三個字削弱了力度，顯得回答者不是那麼有自信。對於一些重要的回答，一定要斬

第 8 章　場景訓練

仿真場景八

釘截鐵、快速回應，不能拖泥帶水。）

記者：那我想問一下，截至目前，調查結果是什麼？責任方到底是誰？

負責人：這是一次城市道路正常的……

記者：正常的？

負責人：正常的下陷。

記者：正常的下陷？（負責人準備不足，並且有意大事化小。一旦被記者抓住，很難解釋清楚。即使在施工過程中會遇到下陷，但不能期待普通人包括媒體能夠理解。）

負責人：但是有自然造成的原因。

記者：自然造成的原因、正常的下陷——不好意思，我頭一次知道，道路下陷是正常的嗎？

負責人：是正常的。（被採訪人不自覺重複記者的負面描述，實際上已經偏離本意。負責人口中的「正常」描述的是施工過程中會遭遇的具體情況，而記者口中的「正常」描述的卻是下陷事故。當發現雙方產生誤解時，一定要及時澄清。）

記者：所以車掉到溝裡面，甚至造成人員死亡，都是正常的嗎？

負責人：道路下陷是正常、自然的損壞。（同樣的詞彙，在雙方的邏輯架構中已經出現歧義。）

記者：自然損壞。（看似漫不經心重複，實際上卻是對敏感和負面詞彙的強化。而且引發被採訪人的進一步解釋。）

負責人：有一些是客觀原因造成的下陷，這裡我要闡明。有的是自來水水管漏水，造成土壤鬆動下陷；有的是在施工過程中受到其他工程影響，造成土壤鬆動，道路下陷。道路在使用期間，也有可能是人為保養不到位，造成下陷。任何一個產品都有它的壽命，有它的維修保障的時間。（負責人發現了在下陷上，雙方理解不同步，及時澄清，但卻搞錯重點，過多解釋「下陷如何是正常」。在這個過程中，提供了大量線索供對方聯想。）

記者：但是保證施工安全不是你們的責任嗎？

負責人：是我們的責任。但對於地下土壤和道路管線的時時情況，我們不能夠及時掌握。

記者：現在不能還是以後也不能？

負責人：目前還沒有這個人力物力，能夠保證所有道路安全，包括每天的數據、土壤的狀態等，及時反饋到我們這裡。（客觀表述並沒有問題，但是過於「實在」卻模糊了自己發言的重點，讓人覺得後續也沒有辦法變好。）

記者：那如果這樣的話，那我能不能理解成，未來還是有可能再發生地層下陷？

負責人：有可能。

◀要學會避開敏感詞彙

在這次對話中，「正常」作為一個正常、看似無害的詞彙被重複多次，但層層遞進下來，卻塑造成一個漫不經心、毫不負責的形象。媒體和民眾聽到「下陷」，立刻會認為地層下陷很嚴重，卻在施工方口中變成非常正常的一件事，這怎麼能讓人接受呢？雙方的知識和技術背景的差異，造成在一個詞彙上產生誤解，而且在對話過程中逐步被加深。

遇到這種情況時，一定要及時、肯定，斬釘截鐵澄清。在雙方就此問題達成共識之前，不應該繼續其他話題的討論。

負面、敏感的詞彙，一旦發現，要及時繞開，如果重複，反而就會成為你主動講述。有些詞彙，一開始並不敏感，但在特定語境下反而變得危險。比如「正常」，上述對話中，過於強調「正常」只能強化己方無所謂和不負責的態度。在這種情況下，應當學會避開：「施工過程中會遇到一些事情，但是不管怎樣，安全都是我們最重視的事情。這次下陷是一次教訓，我們會深刻警惕。」

◀當記者無視一些你認為很重要的背景

在涉及一些知識、技術問題時，為了讓對話雙方能夠在同一個空間對話，作為專業人士，我們總傾向於向非專業人士現場科普。而當對方無視這種重要的知識傳播，我們又會覺得惱怒，對對方拋來的非專業問題更是缺少之前的耐心。

你出事，媒體不扛

面對無所不在的自媒體，你需要一點高「媒商」

當記者無視一些你認為很重要的背景時，該怎麼做？不要著急，著急的時候總是想不出好辦法。如果可以，希望你能嘗試著去理解記者為什麼會無視。

事件發生時，媒體和記者有自己的一套衡量資訊價值的標準。比如我們前面說過的新聞價值。如果當對方無視一些你認為很重要的背景時，你需要考慮，對方是否認為有更重要的資訊值得關注和跟進。在上面的案例中，我們希望對方可以理解「下陷」在工程建設中存在的必然性，但對方卻認為，事故發生後的追責和原因調查更為重要。

你可以想像，一篇向民眾解釋事故、下陷是多麼正常的新聞報導，將引來多少人的抗議嗎？當你知道了這一點，你就會理解，為什麼對方會無視這些背景。因為他們認為，其他的事情比這更重要。如果你想說服對方，那麼無疑要花上一段時間。一個聰明的辦法是，不在當下與對方計較，不要在事故發生的過程中，從科學的角度解釋事故的合理性。當對方拿到了自己想要的答案時，他就不會那麼著急了。這時反而是個很好的解釋時間。

當記者無視一些你認為很重要的背景時，一定要清楚他們這麼做的原因。他們認為什麼才重要？這不代表著你一定要迎合對方的喜好。在一些重大關鍵的問題上，恰恰需要堅守立場，但需要付出不小的溝通成本和代價。

如果這種情況經常發生，那麼你需要注意了，你和媒體以及記者的關係並沒有你想像的那麼緊密。一些艱深、專業的知識普及，只能在日常工作和生活中去做。

讓很多公共關係研究者和實踐者頭痛的是，人們總是等到危機爆發，才願意和媒體溝

第 8 章　場景訓練

仿真場景八

通，和民眾溝通，努力修復已經受損的公司聲譽，去前赴後繼做事倍功半的事情。而在危機發生前的日常，很多機構負責人卻總是將這些事的優先順序靠後。

一次一次危機發生，使人們警醒；但當危機過去，一切彷彿又可以回到捂上眼睛、看不到問題的悠然局面。

你出事，媒體不扛

面對無所不在的自媒體，你需要一點高「媒商」

寫在後面的話

離開媒體圈已經三年。當時，陰差陽錯就趕上了二十一世紀以來，最大的一波媒體人轉型熱潮。離開的原因很多，但隨著時間推移，我開始將「離開」，解讀為自己為保存殘存理想主義的最後努力。

當 FB、Twitter 開始成為強而有力的輿論陣地，連帶記者採寫的方式和流程、稿件評價和體系都在迅速改變。輿論那時很喧囂，但環境說不上很好。做了七年深度調查記者，糾結良久後，突然覺得到底了，再不離開，我就老了。

「我用了一年半的時間，從真記者變成了『假記者』。」曾經開玩笑跟別人概括這所謂的轉型。別害怕，也不要報警，我說的假記者，是轉型之後在課堂上的新角色。

在一位前輩的指導和建議下，我成為媒介素養培訓課程中的一名模擬記者。我們有個模擬演練的課堂，在模擬演播室裡，我是模擬主持人，在模擬情景下，進行模擬採訪。看似所有都是模擬的，但課堂上的互動，學員現場的即時反應都很真實。言語間暗藏機鋒，談笑間險象環生，唇槍舌劍，你來我往，精彩非常。你會驚訝於一些人出色的表達，也驚訝於在新聞發布背後，他們內心積攢的委屈和無奈；有時候也驚訝於一些人官氣十足、場面話連篇；更驚訝於他們對媒體、媒體對他們——彼此之間的深深誤解和看似的破解無

你出事，媒體不扛

面對無所不在的自媒體，你需要一點高「媒商」

望。

在所謂的全媒體時代，我們每個人、每個機構，包括媒體本身，都需要建構新的認知和行為模式。在此情況下，做再多的準備、做再壞的打算都不為過。

更多的人，包括我所在的機構，將這種能力和素養統稱為媒介素養。我更傾向於「媒商」——與智商、情商、職商並列。又一個人造詞彙，是的，但我堅持認為，這很重要。

於是，就有了這本小書。既然是媒商，對媒體、對記者的了解是必需的知識儲備。

我會劃開一個小小的切口，說一部分記者的生活——沒有尊貴的嘉賓對話，沒有黑市懸賞買人頭，沒有遭過毆打，和民眾的生活沒兩樣，一樣賺錢養家。

記者本就是一份職業。因為這份職業在歷史上曾經擁有一個偌大的無冕王光環，於是引得多少人懷抱理想飛奔過去。但這只是光環而已，更長久的應該是職業精神。如果社會和媒體不卸下這個光環，雙方都會為之所累。當不了解時，人們只能按照他們聽說的資訊判斷。當人們要求以樣板式的記者形象進行具體採訪時，還在糾結本月夠不夠分的新聞界勢必不能如其所願。誤解、矛盾早已隱藏其中，時時爆發。

我還會說說在課堂上的事，說說那些第一次面對電視鏡頭的政府官員、醫生、律師、警察、企業家。我們的政府新聞發布，一些人、一些團隊已經遠遠走在前面。改變已經開始，但轉變並不是一朝一夕就能完成的事。當他們用傳統、甚至陳舊的視角去看待全媒體時代的媒體與記者，又會受到怎樣的衝擊？很多人有很多委屈，平時不願說，等到事件爆發，卻不知道已經沒人願意再聽。

我和朋友說，自己的轉型，是從資訊傳播鏈的一端到另一端，從資訊的接收、採集者，換到了資訊發布者。資訊的一體兩面我都了解，但都說不上精通，只能謙卑將所見、所聞、所感、所思一一記錄，供諸君一議。

感謝這三年來家人對我無私的支持，感謝多位師長給的寶貴建議。謝謝我的兩位朋友於璇和於海婷，她們幫助我蒐集和整理了豐富的資料。

電子書購買　　爽讀 APP

國家圖書館出版品預行編目資料

自媒體時代的溝通學！如何在全媒體時代生存？你出事，媒體不扛！面對無所不在的自媒體，你需要一點高「媒商」 / 李穎 著 . -- 第一版 . -- 臺北市 : 沐燁文化事業有限公司 , 2024.09
面；　公分
POD 版
ISBN 978-626-7557-11-2(平裝)
1.CST: 媒體素養 2.CST: 媒體教育 3.CST: 網路傳播
541.83　　113012100

自媒體時代的溝通學！如何在全媒體時代生存？你出事，媒體不扛！面對無所不在的自媒體，你需要一點高「媒商」

臉書

作　　者：李穎
發 行 人：黃振庭
出 版 者：沐燁文化事業有限公司
發 行 者：沐燁文化事業有限公司
E-mail：sonbookservice@gmail.com
粉 絲 頁：https://www.facebook.com/sonbookss/
網　　址：https://sonbook.net/
地　　址：台北市中正區重慶南路一段六十一號八樓
8F., No.61, Sec. 1, Chongqing S. Rd., Zhongzheng Dist., Taipei City 100, Taiwan
電　　話：(02) 2370-3310　　傳　　真：(02) 2388-1990
印　　刷：京峯數位服務有限公司
律師顧問：廣華律師事務所 張珮琦律師

定　　價：250 元
發行日期：2024 年 09 月第一版
◎本書以 POD 印製